마케팅한다더니
인문학이 왜 나와?

마케팅한다더니 인문학이 왜 나와?

초판 1쇄 인쇄일 2018년 11월 22일
초판 1쇄 발행일 2018년 11월 30일

지은이   심영환
펴낸곳   도서출판 유심
펴낸이   구정남·이헌건
마케팅   최진태

주소   서울 은평구 통일로 684 서울혁신파크 미래청 1동 303B(녹번동)
전화   02.832.9395
팩스   02.6007.1725
URL   www.bookusim.co.kr
등록   제2017-000077호(2014.7.8)

ISBN   979-11-87132-29-5 03320
값   14,000원

이 도서는 한국출판문화산업진흥원의 출판콘텐츠 창작 자금 지원 사업의
일환으로 국민체육진흥기금을 지원받아 제작되었습니다.

마케팅한다더니
인문학이 왜 나와?

글 심 영 환

제 인생 영화를 한 편 꼽는다면, 그것은 단연 『죽은 시인의 사회』입니다.

"내가 책상 위에 서 있는 이유는 사물을 다른 각도로 보려는 거야. 어떤 사실을 이미 안다고 생각할 때도 그것을 다른 시각에서 봐야 해. 비록 그것이 바보 같은 일일지라도."

"Seize the day."

영화 속 키팅 샘의 명언은 지금도 귓가에 강렬하게 남아 있습니다.

당시 고등학생이었던 저는 영화를 본 후 꽤 큰 충격을 받았습니다. 사춘기의 방황과 함께 잠시 그 의미를 잘못 해석하기도 했지만, 그러한 내적 동기를 통해 세상을 바라보는 작은 철학과 정체성이 생겼습니다.

세상은 지금까지 오랜 기간 성공이라고 믿어왔던 법칙이나 통념으로는 더 이상 발전할 수 없습니다. 하지만, 기존의 틀을 깨는 도전은 과거 성공의 경험자들과 조직의 관성에 의해 대부분 거부당하기 일쑤입니다. 기업은 물론 학교와 가정에서도 마

마케팅 한다더니
인문학이 왜 나와?

찬가지입니다. 이제 4차 산업혁명의 시대를 맞이하고 있는 우리는 저명한 천문학자, 칼 세이건(Carl Sagan)의 말처럼 모든 가설을 지극히 회의적으로 바라보는 동시에 새로운 생각에도 마음을 활짝 열어야 합니다.

이 책은 마케팅의 4P 중 Product, 즉 "만들 수 있는 상품이 아닌 팔릴 수 있는 상품"을 위한 기획에 중점을 두었으며, 머리보다는 가슴으로 읽는 글이 되기를 바라며 씌었습니다. 아울러, 경영학자들의 딱딱한 이론서나 업계 전문가들의 단편적인 사례 연구서와 달리, 인문학 / 대중 문화 / 일상의 소재를 통해 미래의 세상을 어떻게 마주할 것인가에 대한 질문을 던지며 그 실마리를 찾고자 노력했습니다.

따라서 기업의 상품(서비스)기획자 및 마케터는 물론 인문학에서 소소한 재미를 얻고 일과 삶을 다양한 관점으로 이끌어 나가고 싶은 독자들께 특별한 기회의 단초를 제공할 수 있을 것이라 믿습니다. 또한 우리를 둘러싼 현실의 장벽 앞에서 무력감과 좌절감을 느낀 분들께 이 글이 작은 용기가 될 수 있기를 바랍니다.

감사합니다.

햇살이 나뭇잎을 바삭하게 구워주는
2018년, 어느 가을, **심 영 환**

목차

역사

심리

세상을 보는 지혜 --------------------------------------

본문 내용 중

- 전략적 혁신은 거북이가 기존의 경주 코스에 새로운 물길을 추가하여 시합을 하는 것을 의미합니다.
- BTS가 'Behind the Scene'의 약어인 것처럼, 또 그들이 부른 '피땀 눈물'의 노래 제목처럼, 그들은 무대 뒤에서 엄청난 '피땀 눈물'을 흘렸음에 틀림 없습니다. 하지만 위에서 언급한 그들의 명확하고 과감한 Go to Market 전략이 없었다면 그들의 피 땀 눈물은 어쩌면 공허한 노력으로 끝났을지 모릅니다.
- 그리스 신화 속 신들의 이름과 이야기가 세계인의 마음속에 영원히 남아 있듯이, 우리는 어떻게 자신의 브랜드를 만들고 세상에 알릴 수 있을까요?
- 제로섬 게임처럼 뺏고 뺏기는 싸움 대신 시장을 더 키움으로써 지금보다 더 큰 이익을 나눌 수 있기 때문입니다. 널뛰기에서 내가 더 높이 날기 위한 방법은 무엇일까요? 그것은 바로 상대방을 더 높이 올려주는 것입니다.
- 어떤 상품의 고객가치는 기존의 기준으로 볼 때는 쓸모없는 것으로 여겨질 수도 있습니다. 하지만 통념을 깨고 새로운 가치판단의 기준을 제시하거나 한 걸음 떨어져 쓸모 없음의 반대편에서 바라 본다면, 그동안 간과하고 있었던 소중한 고객가치를 발견할 수 있습니다.
- 헨델의 음악이 우리 영혼을 어루만져 주는 이유는 무엇일까요? 그것은 음과 음 사이에 삶의 과정을 되돌아볼 수 있는 쉼표, 즉 기업가정 신이 있기 때문은 아닐까요?
- 꼭 오고 싶었던 아름다운 여행지! 그러나 막상 도착한 뒤에는 인증샷 찍기에 바빠서 우리 앞에 마주한 진짜 모습을 느끼지 못하는 것은 아닐까요? 스마트폰에 남긴 인증샷보다 가슴에 남긴 인증샷이 더 중요하듯, 때론 상품도 형식에 얽매이다 보면 본질을 놓칠 수 있습니다.

- 처음 방문하는 장소라도 새로운 시각으로 보지 못하면 진부하고, 여러 번 방문한 장소라도 새로운 시각으로 바라보면 그곳은 늘 새로운 곳이 됩니다. 상품도 마찬가지입니다. 우리가 고객에게 새로운 시각으로 볼 수 있는 눈(인식)을 제공하지 못하면 제 아무리 새롭고 좋은 상품을 만들어도 고객들은 기존의 수많은 상품과 전혀 다를 게 없는 그저 그런 상품으로 인식할 것입니다.

- 그렇다면, 차별적 우위가 잘 나타난 영화는 무엇이 있을까요? 『반지의 제왕』은 어떤가요? 일반적으로는 '절대 반지'를 얻기 위해 온갖 위험과 고난을 겪게 되는데 이 영화는 먼저 '절대 반지'를 얻은 다음 오히려 그것을 버리기 위해 엄청난 여정을 떠나게 됩니다. 통념상 얻는 것이 어려운데 이 영화는 버리는 것이 무지무지 어려운 것으로 그려집니다.

- 오늘날 우리는 IQ(Intelligence Quotient: 지능 지수)가 아닌 IQ(Insight Quotient: 인사이트 지수)가 절실히 필요한 시대에 살고 있습니다.

- 이제 우리 사랑스런 아이들의 엉뚱함으로부터 '창의력'을, 산만함으로부터 '과정의 중요성'을, 무계획성으로부터 '추진력'을, 떼쓰기로부터 '실패에 대한 용기'를 배워보는 것은 어떨까요?

- 혹시, 우리의 핵심역량은 답정너인가요? 과연, 미래의 나를 위한 LCCs와 FCCs는 무엇일까요?

- 그동안 우리는 혹시 부딪히게 될 벽의 실제 높이보다 마음속 두려움의 벽이 더 높았던 것은 아니었을까요?

- 세상에는 누군가 깨주길 원하는 수많은 이론과 통념들이 존재합니다. 문제는 누가 먼저 그것에 도전하고 그것을 깨는가입니다.

문학

#1
우화 속 숨겨진
전략적 혁신

어른이 된 뒤에도 서점에 가면 종종 그림책 코너를 찾곤 합니다. 인생을 함의적이면서도 명료하게 곱씹어볼 수 있기 때문입니다.

제가 참 좋아하는 『프레드릭』이라는 그림책이 있습니다. 대략적인 이야기는 이렇습니다. 모든 쥐들이 겨울을 나기 위해 열심히 열매와 짚을 모으는 동안 프레드릭은 아무것도 하지 않고 노는 것처럼 보입니다. 사실, 프레드릭은 햇살과 색깔을 모으고 있었는데 말입니다. 곧 겨울이 되고 모든 들쥐들이 비축해둔 식량으로 하루하루를 견디며 따스한 봄날을 기다렸습니다. 그러나 겨울의 끝자락이 다가오자 식량이 떨어지게 되었고 배고픔은 점점 커졌습니다. 이때 프레드릭이 그동안 모아둔 햇살과 색깔 이야기를 들려주었습니다. 덕분에 들쥐들은 프레드릭의 이야기에 감탄하며 남은 겨울을 행복하게 보낼 수 있었다는 내용입니다.

여기에는 두 가지 의미가 있습니다. **첫째는 자신만의 개성을 살려 독특한 길을 찾고 이를 통해 동료들을 행복하게 해주는 프레드릭의 관점이고, 둘째는 예술을 이해하고 즐길 줄 아는 행복한 들쥐의 관점입니다.**

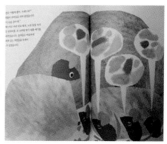

그림책 『프레드릭』 중에서

어찌 보면 『프레드릭』은 제가 인문학과 기업활동을 연계하여 책을 쓰게 된 동기이기도 합니다. 이 우화처럼 저의 이야기 내내 전달하고자 하는 핵심 메시지들이 함축적으로 담겨 있다고 할 수 있기 때문입니다.

호주 멜버른에는 제플 슈츠(Jeffle Chutes)라는 가게가 있습니다. 제플 슈츠는 샌드위치의 호주식 명칭인 제플(Jeffle)과 낙하산(Chute)의 합성어로서, 번역하자면 낙하산 샌드위치쯤 됩니다. 그런데 이곳은 기존의 샌드위치처럼 맛이나 가격으로 승부하지 않습니다. 간판도, 테이블과 의자도, 주문받는 사람도 없습니다. 심지어 가게도 7층에 자리 잡고 있습니다. 온라인으로 미리 주문과 결제를 한 고객이 약속된 시간에 가게 아래 표시된 지점에 서 있으면, 공중에서 조그만 낙하산에 매달린 샌드위치가 내려옵니다.

과연, 장사가 잘 될까 걱정되시죠? 하지만 제플 슈츠 앞에는 지금도 하늘의 계시(?)를 받는 짜릿한 경험을 하기 위해 수많은 사람들이 허공을 쳐다보며 줄을 서고 있답니다. 이처럼

줄을 서서 낙하산으로 내려오는 샌드위치를 기다리고 있는 고객들

*마케팅 한다더니
인문학이 왜 나와?

제플 슈츠는 전략적 혁신을 통해 약점을 오히려 차별화 포인트로 승화시켰습니다.

지난 8월에 치러진 '2018 자카르타-팔렘방 아시안게임 남자축구'의 영웅 조현우 선수는, 골키퍼로서는 치명적 단점인 마른 체형(키 189cm에 몸무게 76kg. 전문가들에 의하면 이러한 체형은 골키퍼보다는 패션 모델에 더 유리하다고 합니다)을 뛰어난 순발력과 판단력으로 승화시켜 엄청난 성과를 이루어 냈으니 이 또한 전략적 혁신의 사례라 할 수 있습니다.

영화 『죽은 시인의 사회』(1989)에서 키팅 선생님은 이렇게 말합니다.

"Seize the day!" 영화 속 이야기로부터 맥락적인 해석을 하자면 "학교가 만들어준 프레임에 얽매이지 말고 자신만의 독특한 관점과 방식으로 세상을 바라보라"는 말입니다. 우리도 시장이 만들어놓은 게임의 법칙 안에서 힘겨운 싸움을 하기보다는 우리 스스로 만든 게임의 법칙을 통해 상품 / 서비스 경쟁력을 강화하기 위한 단초를 찾아보는 것은 어떨까요?

이를 위해 CVP(Customer Value Proposition)의 개념과 이론적 근거를 소개하고, 좋은 CVP를 도출하기 위한 방법을 찾아보겠습니다.

CVP는 고객이 우리 상품이나 서비스를 구매 또는 사용해야 하는 이유에 대해 경쟁사 대비 독창적인 차별점을 강조하여 전달하는 것입니다. 그런데 그 차별점이란 것은 꼭 대단한 기술과 엄청난 투자를 전제하지는 않습니다. 제플 슈츠의 사례에서 보듯이 '그동안 당연하게 여겨왔던 성공에 대한 믿음'으로부터 탈출하기만 해도 새로운 시장과 고객경험을 창출해낼 수 있기 때문이죠.

CVP의 배경을 이해하기 위해 경영사의 흐름을 살펴보겠습니다. 상품전략은 크게 다음의 세 가지 관점에서 진화해왔습니다.

첫 번째는 시장에서 필요한 자원과 역량은 항상 조달 가능하다는 **산업조직론**(Industrial Organization) **관점**입니다. 다시 말해 기업은 외부 산업환경을 분석하고 전략을 수립하되 이러한 전략을 달성하기 위한 자원과 역량은 외부 시장에서 얼마든지 가져올 수 있다는 것입니다.

두 번째는 시장에서 자원과 역량의 조달이 현실적으로 어려운 점을 지적하며 초기의 우월한 자원과 역량을 강조한 **자원준거론**(Resource &Capability) **관점**입니다. 즉 필요한 자원과 역량은 단기간 내 조달이 불가능하기 때문에 내부의 자원과 역량이라는 태생적 장점을 중요하게 여기는 것입니다.

세 번째는 후발 및 후위 사업자의 극복 사례에 초점을 맞춘

전략적 혁신(Strategic Innovation) **관점**입니다. 비록 남들이 가진 우월한 자원과 역량을 시장에서 조달하지 못하더라도, 또 내가 가진 선천적인 자원과 역량이 부족하더라도 고객 유형 / 제품 및 서비스 형태 / 운영 및 판매방식 등에서 통념을 탈피함으로써 역전이 가능하다는 것입니다.

요즘은 기존 이야기를 뒤집거나 덧붙여 재해석한 재미난 우화들이 많습니다. 그중 '토끼와 거북이의 경주'는 전략적 혁신을 되새겨볼 수 있는 좋은 우화입니다. 위에서 언급한 관점을 '토끼와 거북이의 경주' 우화에 빗대어 설명해보겠습니다.

'산업조직론 관점'은 토끼의 우월한 팔 / 다리를 가져와 거북이 몸에 붙일 수 있다고 주장하는 것입니다. 반면 '자원준거론 관점'에서는 선천적으로 우월한 팔 / 다리를 보유한 토끼가 항상 이긴다는 관점입니다.

관점을 바꿔보자. '물길'로 달리면 토끼가 아닌 거북이가 '갑'이 된다.

그런데, 토끼는 물을 아주 싫어하고 거북이는 헤엄을 잘 치죠? '전략적 혁신'은 거북이가 기존의 경주 코스에 새로운 물길을 추가하여 시합을 하는 것을 의미합니다.

다시 말해 우리가 집중해야 할 관점이 바로 전략적 혁신이며, 이는 CVP로 잘 설명될 수 있습니다. 어찌 보면 전략적 혁신을 토대로 한 CVP야말로 기업의 유일한 보험인 셈입니다.

그렇다면 좋은 CVP란 어떤 것일까요?

여러 가지 이론적 근거와 필자의 경험을 토대로 다음과 같은 일곱 가지 체크리스트를 추천해드립니다.

좋은 CVP가 되기 위한 일곱 가지 체크리스트

1) 잠재적 / 포괄적 범위까지 고려하여 경쟁 상품(서비스)을 정의하였는가?

2) 고객의 명시적 니즈(Explicit Needs) 외에 암묵적 니즈(Implicit Needs)를 찾아냈는가?

3) 실사용자와 구매자 각각의 관점을 반영한 고객 정의가 되었는가?

4) 상품(서비스)이 지향하는 궁극적 목표를 달성하기 위한 자사의 핵심역량을 정의했는가?

5) 경쟁 상품(서비스)과 얼마나 다른 차별화 포인트와 혜택을 보여주는가?

6) 고객이 대가를 지불하고 구입할 수 있는 경제적 가치가 충분한가?

7) 고객에게 명료하고 쉬운 커뮤니케이션을 할 수 있는가?

'마케팅 한다더니
인문학이 왜 나와?

앞의 체크리스트 중 경쟁 상품의 정의에 대하여 미국의 철도회사인 앰트랙(Amtrak)과 포드(Ford)자동차의 사례를 들어 설명해보겠습니다.

앰트랙은 포드자동차가 시장에 진출한 이후에도 그들의 경쟁 서비스를 철도로 한정지었습니다. 이와 반대로 포드는 경쟁 서비스를 모든 교통수단으로 정의했습니다. 별것 아닌 것 같지만 그 차이는 기업의 존폐를 야기할 정도의 엄청난 결과로 나타났습니다.

앰트랙이 당장 눈앞에 보이는 직접적인 경쟁 서비스에만 초점을 맞추었기 때문에 자신의 서비스에는 경쟁상대가 없다는 자만에 빠져 있었던 반면, 포드는 앰트랙에 막대한 돈을 지불하면서 철도 구간을 매입하기 시작했습니다.

그들은 왜 자동차를 판매해서 번 돈으로 불필요한 철도 구간을 매입했을까요? 게다가 그 철도 구간을 어떤 용도로도 쓸 수 없게끔 그냥 폐쇄해버린 이유는 뭘까요?

이제 앰트랙의 고객들이 어떻게 되었을지 상상이 되시나요? 고객들은 철도가 끊어진 지점에서 내려 자동차로 갈아탔고, 그 경험을 통해 점차 자동차의 고객 가치(CVP)를 깨닫고 교통수단을 철도에서 자동차로 전환(churn-out)하게 되었습니다.

이 사례는 경쟁 상품의 올바른 정의가 얼마나 중요한지를 단적으로 보여주고 있습니다. 혹시 우리의 경쟁 상품을 정의할 때 현 시점의 직접적인 대상으로 한정짓는 것은 아닌지 곰곰이 생각해봐야 합니다.

오래전, HBR(Harvard Business Review)에서는 성공한 500대(Fortune 500) 기업을 대상으로 수십 년간의 데이터를 추적하여 기업 성과에 영향을 미친 두 가지 변수, 즉 관리적 변수와 전략적 변수를 찾아냈습니다. 그리고 기업의 성과는 20%의 관리적 변수와 80%의 전략적 변수로 이루어진다는 사실을 밝혀냈습니다. 하지만 오늘날에도 대부분의 기업들은 전략을 다르게 하여 시장에서 우위를 갖기보다는 관리 변수에 집중하는 안타까운 우를 범하고 있습니다.

혹시 우리는 경쟁 상품이나 서비스보다 단지 더 빠른 것만을 만들기 위해 집중하는 것은 아닐까요? 인간 탄환이라 불리는 우사인 볼트를 이기기 위해 그와 같은 트랙에서 달리기를 할 필요는 없습니다. 토끼와 거북이 우화에서처럼 말입니다.

인생도 마찬가지입니다. 성공하기 위해 그저 '노오력'(젊은 흙수저 세대들이 아무리 노력해도 정당한 대가가 따르지 않는 불공정한 사회를 풍자하는 용어)만 하면 될까요? 더 이상 기존과 똑같은 방식은 안 됩니다. 우리의 삶에서도 기존과 다르게 생각하는 전략적 혁신이 있다면 우리의 노력

미국의 암트랙 철도와 포드 자동차

이 지금보다는 나은 희망을 가져다 줄 수 있으며, 성공도 절대 '넘사벽'
이 아닐 것입니다. 그동안 우리는 혹시 부딪히게 될 벽의 실제 높이보다
마음속 두려움의 벽이 더 높았던 것은 아니었을까요?

  CVP의 개념과 배경을 충분히 이해하고 이를 적용할 수만
있다면 얼마든지 작은 성공의 실마리를 발견할 수 있습니다. 이
제부터 우리의 아이디어와 노력의 결과물들을 CVP라는 컵에
담아보시지 않겠습니까?

마케팅 한다더니
인문학이 왜 나와?

#2

신과 함께-브랜드 편

그리스 신화 속 브랜드 이야기

올림푸스의 12신

    사피엔스 신드롬을 일으킨 유발 하라리의 저서 『호모 데우스』는 과학 기술을 통해 신의 영역에 도전하고 있는 오늘날 인간이 미래에 어떤 존재로 진화할지 고민하게 만드는 이야기입니다. 여기서 호모 데우스라는 말은 사람을 뜻하는 호모(Homo)와 신을 뜻하는 데우스(Deus)의 합성어로써 '신이 된 인간'을 의미합니다. 어쩌면 인류는 고대 그리스 신화 속 주인공들처럼 저마다 자기 분야에서 최고의 신이 되고자 하는지도 모르겠습니다.

　우리는 어릴 적부터 책, 영화, 박물관 등 여러 매체를 통해 그리스 신화를 접해 왔습니다. 동서고금을 막론하고 인류는 왜 그리스 신화에 그토록 매료된 것 일까요? 그건 아마도 인류가 만들어낸 이야기의 시작이며 상상력의 근원이기 때문일 것입니다. 아울러, 서양 문화를 이해한다는 것은 곧 그리스 신화를 알아야 한다는 것과 동일시되기 때문일 것입니다. 그리스 신화는 로마 시대에 들어 그 이야기들이 한층 더 발전되고 구조화되었습니다. 사실, 개인적으로는 막장 드라마에 버금가는 일부 이야기 전개에 다소 불편한 마음이 들기도 하지만 오늘날까지 문화, 미술, 역사, 심리학, 종교, 과학 등 거의 모든 영역에 걸쳐 긍정적 영향을 미치고 있는 것은 분명합니다.

　그럼, 우리에게 익숙한 단어 몇 개를 열거해 보겠습니다. 아마존, 나이키, 오리온, 박카스, 카오스, 시리얼, 뮤즈, 우라늄, 사이렌 등. 상업적 용어들부터 특정 물질에 이르기까지 우리가 일상에서 널리 사용하는 단어 중에 그리스 신화로부터 유래된 것이 꽤 많습니다.

　이 중 누구나 알 만큼 인지도가 높은 기업 브랜드들이 있습니다. 나이키는 승리의 여신 니케(Nike)를, 박카스는 포도주의 신 박쿠스(Bacchus)를, 아마존은 전쟁의 신[아레스]과 요정[하르모니아]사이에 태어난 여성 부족[Amazon]을, 오리온은 포세이

루브르 박물관의 'Nike'상과 나이키 브랜드 로고

Amazos

고대 그리스어 a는 "없다"는 뜻이고 mazos는 "유방"이라는 의미를 가지고 있습니다. Amzos는 그리스의 한 여성 전사 부족이 활을 쏘는 데 불편함을 없애고자 한쪽 가슴을 잘라냈다는 끔찍한 이야기에서 유래되었는데 이 단어는 오늘날 다양한 의미로 활용되고 있습니다. 우선 남아메리카의 아마존 강은 백인들이 처음 이곳을 발견했을 때 그들을 공격한 여성 원주민 이야기로부터 유래되었고, 이후 영화 원더우먼 캐릭터의 모티브가 되기도 했습니다.

유럽에서는 정부 내각의 장관들 중 여성이 남성보다 많을 때 이를 가리켜 Amazones(Amazos) 내각이라고 부르기도 합니다. 현재 세계에서 가장 혁신적인 IT 기업 아마존, 그들도 어쩌면 그리스 신화의 여성 전사처럼 강력하고 공격적인 기업이 되고자 했는지 모르겠습니다.

마케팅 한다더니
인문학이 왜 나와?

Orion

우리가 과자 회사로 알고 있는 '오리온'에는 다소 슬픈 사연이 있습니다. 사냥의 여신이자 달과 순결의 여신인 아르테미스는 자신처럼 사냥을 좋아하는 오리온을 사랑하게 되었는데, 신이 아닌 티탄족을 탐탁하게 여기지 않은 그녀의 동생 아폴론의 꾀임에 넘어가 실수로 오리온을 활로 쏘아 죽이게 되었습니다.

너무나 슬펐던 아르테미스는 오리온을 밤하늘에 올려 별자리로 만들어주었습니다.

돈의 아들인 티탄족 사냥꾼[Orion]을 의미합니다. 실제, 디자이너 데이비슨은 그리스 신화에 나오는 니케로부터 나이키 로고의 영감을 얻었다고 밝힌 바 있습니다.

한편, 세계적 명품 브랜드로 유명한 에르메스(Hermes)는 제우스와 마이아 사이에서 태어난 헤르메스, 그리고 돌 무더기를 의미하는 그리스어 헤르마(Herma)에서 유래되었습니다. 헤르메스는 올림포스 12신 중 한 명으로 상업의 신, 도둑의 신, 여행의 신으로도 알려져 있습니다. 다음은 그리스 신화 속 헤르메스 이야기입니다.

어느 날 헤르메스가 아폴론의 소들을 훔쳤는데 바토스(수다쟁이)라는 노인이 이를 목격했습니다. 바토스가 이 사실을 퍼뜨릴 것을 염려한 헤르메스는 그에게 소 한 마리를 줄 테니 비밀을 지켜달라고 당부했습니다. 그러자 바토스는 설령 돌이 고자질하는 일이 있을지언정 자신은 절대 그럴 일이 없다고 대답했습니다.

하지만 바토스를 믿지 못했던 헤르메스는 잠시 후 변장을 하고 다시 나타나 소 두 마리를 줄 테니 없어진 소들에 대해 알려달라고 말했습니다. 이에 바토스는 약속을 어기고 헤르메스가 훔쳐간 사실을 알려주었는데 화가 난 헤르메스는 바토스를 돌로 만들어버렸습니다.

브랜드는 결국 소비자들이 특정 상품이나 서비스를 선호하고 구매하는 이유를 일일이 따져보는 복잡하고 긴 과정을 거칠 필요없이 통합적(Holistic)이고 직관적(Intuitive)으로 단번에 결정하기 위해 아주 좋은 수단입니다. 정신 분석학자 칼 구스타프 융은 신화를 집단 무의식의 표현이라고 정의했습니다. 아마도 집단 무의식보다 우리의 뇌와 마음속에 각인되는 것은 없을 것 입니다. 그리스 로마 신화 속 신들의 이름과 이야기가 세계인의 마음속에 영원히 남아 있듯이, 우리는 어떻게 자신의 브랜드를 만들고 세상에 알릴 수 있을까요?

영화 『올드 보이』는 현대판 그리스 신화다?

영화의 원작(일본 만화)과 달리, 박찬욱 감독의 『올드 보이』는 그리스 신화 이야기를 모티브로 한 것 같습니다.

파격적인 이야기의 중심인 근친상간은 아버지를 죽이고 어머니와 결혼한 '오이디푸스'를 연상케 합니다. 나중에 진실을 알게 된 오이디푸스는 죄책감에 스스로 눈을 멀게 했는데, 『올드 보이』에서도 모든 진실을 알게 된 오대수(최민수 분)가 비밀을 누설한 죄책감에 혀를 자해하는 끔찍한 행동을 합니다. 한편 이우진(유지태 분)은 스핑크스를 연상케 하는데, 오이디푸스가 스핑크스의 수수께끼를 풀자 스핑크스가 자살한 것처럼, 이우진 역시 오대수가 그동안의 의문을 풀자 자살을 선택합니다.

『올드 보이』는 소름 돋을 정도로 그리스 신화를 영화 속에 잘 녹인 명작입니다.

마케팅 한다더니
인문학이 왜 나와?

#3
신곡과 함께
사업포트폴리오
전략

고전문학의 정의는 무엇일까요? 아마도 익히 듣기는 했지만 실제 읽지는 못한 문학이 아닐까요?

그중 하나가 단테의 『신곡』입니다. 신곡은 로마의 시인 베르길리우스가 단테를 찾아와 함께 지옥, 연옥, 천국을 여행하는 로드무비 형식의 대서사시입니다.

특히 지옥의 모습을 아주 세밀하게 묘사하고 있는데, 그 지옥은 지하 9층짜리 역피라미드 모양으로 되어 있어 죄의 무게에 따라 각기 다른 층에서 다양하고 끔찍한 벌을 받는 곳입니다. 분노, 폭식, 낭비, 욕심, 폭력 등 일상의 죄는 물론 소크라테스, 플라톤, 아리스토텔레스 등 고대 그리스 철학자들(가톨릭을 믿지 않은 죄)과 교황도 소환하여 과거와 현 시대의 권력을 풍자하기도 했습니다.

연옥은 딱히 죄는 없으나 천국으로 직행하기에 살짝 미달인 자들이 모인 곳으로, 좀 더 수양을 쌓으면서 천국의 구원을 기다리는 곳입니다. 단테는 연옥을 둘러본 후, 드디어 베아트리체(단테의 짝사랑 여인)의 안내를 받아 천국으로 오르게 됩니다.

단테의 『신곡』은 흥미로운 이야깃거리이자, 후세의 위대한 예술가들에게 많은 영감을 불어넣어줄 정도로 르네상스 시대의 문을 활짝 열었다는 점에서 큰 의의가 있습니다. 그 영향을 받은 대표적 작품으로 로댕의 『지옥의 문』이 있고, 어쩌면 우리나라의 시리즈 천만 영화를 탄생시킨 웹툰, 『신과 함께』도 단테의 신곡이 모티브가 아니었을까 합니다.

로댕의 <지옥의 문>(출처: 구글 이미지)

이제 경영학의 이론 중 BCG 매트릭스(Matrix)에 대해 이야기해보겠습니다. BCG 매트릭스는 보스턴컨설팅그룹에서 고안한 경영 기법으로 시장 성장률과 점유율을 통해 사업 포트폴리오 전략을 수립하기 위한 도구입니다. 물론, 분석도구의 한계점도 존재하지만 대부분의 기업들이 이를 활용하고 있습니다.

사용 시 주의할 점은 시장 성장률과 점유율의 기준입니다. 많은 기업들이 사업 포트폴리오 분석 시, 그 의미와 취지를 제대로 이해하지 못한 채 자의적 판단 또는 절대적 기준으로 분석하는 우를 범하기도 합니다. 잘못된 분석은 잘못된 결과를 아홉 살짜리 꼬마 단테가 베키오 다리(현재 피렌체의 유명 관광지 중 한 곳)에서 첫눈에 사랑에 빠진 여인(?)이 있었으니, 그녀가 바로 베아트리체입니다. 어린 나이에 그토록 강렬한 로망을 느꼈다고 하니 사랑의 감정에 있어서도 타고난 천재인 듯합니다.

그로부터 9년이 지난 후 둘은 베키오 다리에서 우연히 재회하게 되었는데, 그때는 이미 서로 약혼자가 있었습니다. 그리고 얼마 지나지 않아 베아트리체가 요절했다는 슬픈 소식을 들은 단테는 큰 충격에 빠져 다음 세상을 상상하기 시작했는데, 이것이 바로 <신곡>이란 작품이 되었다고 합니다.

영화 <신과 함께>에서 자홍이 어머니를 만나기 위해 험난한 지옥 여정을 헤쳐 나가듯, 단테도 지옥을 지나 그의 로망, 베아트리체를 만나게 됩니다. 한글로 창작된 최초의 소설이 <홍길동전>인 것처럼 <신곡>은 당시 지배계급의 언어(라틴어)가 아닌 이탈리아어로 쓰여져 더욱 가치가 있는 작품으로 알려져 있습니다.

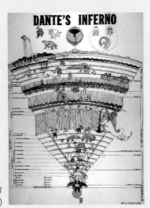

신곡에 나오는 지옥 모습
(출처: 구글 이미지)

마케팅 한다더니
인문학이 왜 나와?

수반하므로 반드시 올바른 사용이 필요합니다.

　단테의 『신곡』에 연옥이 있다면 사업 포트폴리오 전략(BCG 매트릭스)에는 물음표(Qustion Mark)가 있습니다. 현재 진행 중인 사업이 시장 성장률은 높지만 상대적 시장 점유율이 낮다면 본 사업을 유지할 것인지 철수할 것인지 신속한 판단을 해야 합니다. 그런데 특정 사업에 대한 물음표가 너무 오래 지속되거나 의사결정을 아예 못하는 경우도 발생합니다. 일종의 대리인 비용(Agency Problem: 1976년 젠센과 맥클린이 주장한 이론으로 전문경영인 제도로 인한 책임과 이익의 역선택에 대한 문제점)이 발생하기 때문입니다.

　햄릿의 유명한 독백 대사가 있습니다.
"To be or not to be, that's the problem"

　특정 사업을 강화할 것인지, 철수할 것인지 빠른 판단이 필요한 것처럼 우리 인생의 포트폴리오 중 과감하게 집중하거나 접어야 할 것들은 무엇일까요?

> 햄릿은 어느 나라 사람일까요? 영국의 대문호, 셰익스피어의 작품이기에 대부분 영국 사람으로 알고 있습니다만, 그는 사실 덴마크 왕자랍니다.

▷ Star: 미래 먹거리 사업

▷ Cow: 현재 주력사업이나 미래를 대비해야 하는 사업

▷ Question Mark: 미래 먹거리로 집중 투자 또는 철수를 검토해야 하는 사업

▷ Dog: 철수 검토 사업

■ 시장 성장률

통상 10%를 기준(중앙값)으로 높고 낮음을 판단(산업 특성에 따라 기준 값은 미세 차이 발생)

■ 상대적 시장 점유율

절대적 수치의 점유율이 아닌 자사사업의 매출액을 시장선도 기업의 매출액으로 나눈 값으로 구합니다. 통상, 10~0.1의 값을 보이며 중앙 값은 1을 기준으로 합니다.

#4

『열하일기』와
벤치마킹

『열하일기』는 조선 후기, 연암 박지원이 청나라의 열하(하북성 북부에 위치한 도시)를 다니며 보고 들은 것을 기록한 일종의 여행기로써 오늘날 기준 총 10권짜리 전집 분량으로 되어 있습니다(당시 기준: 총 26권 10책).

『열하일기』의 내용을 이해하기 위해 잠시 저자에 대한 탐구를 해 보겠습니다. 연암은 로열 패밀리 출신으로 1차 과거시험에 장원급제를 하고 여러 정치 세력들로부터 경쟁적인 러브콜을 받을 정도로 문장력과 학식이 뛰어났습니다. 그러나 정치 세력간 이전투구에 환멸을 느껴 결국 정계에 진출하지 않고 평생을 야인으로 지내며 이용후생(청나라의 우수한 문물을 받아들여 조선의 경제를 발전시켜야 한다는 북학파의 주장)을 강조한 독특한 인물입니다.

2차 과거시험에 일부러 백지를 내는 바람에 영조가 특별시험까지 마련해주었지만 요리조리 피해 다녔다는 일화로 볼 때, 자신의 뜻을 펼치기 위해 적극적으로 구애 활동을 편 서양의 마키아벨리와 달리 왕의 부름을 끝까지 거절한 춘추전국시대의 장자에 가깝다고 할 수 있습니다. 또한 정조가 문체반정의 대상으로 『열하일기』를 지목하며 반성문까지 쓰게 만든 대

(출처: 구글 이미지)

단한(?) 인물이기도 합니다.

　한편, 연암은 스스로 소소(笑笑) 선생으로 불리기를 원할 정
도로 아재 개그에 욕심(?)이 있기도 했습니다. 어느 날 찾아온
지인이 불면증과 거식증을 호소하자, "불면증은 밤에 잠을 안
자도 되니 수명을 두 배로 늘려주고 거식증은 가뜩이나 가난
한데 쌀을 아낄 수 있으니 이 어찌 좋지 아니한가"라며 밤에 어
려운 고전을 읽게 하여 꿀잠에 들게 해주었다는 일화도 전해집
니다(이후 글부터 소소라는 호칭 사용).

　다시 『열하일기』로 돌아오겠습니다. 소소 선생은 정조 4년,
건륭제의 만수절(70세 생일) 행사에 연행사(청나라로 보내는 조선 사
신)였던 사촌 형의 비서 자격으로 동행하게 됩니다. 그런데
1,600km 이상 떨어진 중국으로 가는 여정은 꼬박 두 달 반이나

『열하일기』는 완전 자유분방한 구어체로 쓰여졌습니다. 당시 『열하일기』와 같은 문체가 유행하게 되자 정조가 『열하일기』를 불온 서적으로 규정하고 중국의 고대 산문체로 돌아가자는 강제 캠페인(?)을 벌일 정도였습니다. 물론 정치적인 이유도 존재했던 것으로 보입니다만, 어쨌든 『열하일기』의 문체를 마치 오늘날 채팅 글이나 합성어 / 신조어처럼 근본(?)이 없는 매우 파격적인 것으로 여겨 국가 체제를 위협할 수 있다고 판단했던 것 같습니다.

『허생전』은 무역의 중요성을 강조한 박지원의 단편 소설입니다.

글만 읽던 가난한 선비, 허생이 어느 날 공부를 중단하고 부자를 찾아가 빌린 돈으로 인근의 과일을 모조리 사들입니다. 그리고 이것을 다시 비싼 가격에 되파는 사재기 방식을 통해 축적한 재산으로 무인도를 삽니다. 그리고 그 땅을 도둑들에게 경작하게 하고 그곳에서 생산된 곡식을 일본(나가사키)에 판매해 더 큰 돈을 법니다. 끝으로 교역으로 번 돈을 모두 바다에 던지며 자신의 작은 실험을 마칩니다.

매점 매석으로 번 부정한 돈을 이용한 점은 비판의 대상이나 해상무역을 통해 국가경제를 발전시킬 수 있다는 교훈을 우회적이고 풍자적으로 알리고 싶었던 것 같습니다.

걸렸고 게다가 압록강을 건너는 것은 매우 위험한 일이었다고 합니다. 그럼에도 불구하고 그는 말 안장 옆에 벼루, 먹, 붓, 종이를 들고 다니며 이동 중에도 수시로 기록을 했다고 하니 스마트폰 하나면 사진 / 필기의 기록이 자유자재로 가능한 현대인이 얼마나 축복 받은 것인지 알 수 있습니다. 문득 국가별 설문지를 100여 부씩 인쇄하여 배낭에 가득 담고 해외 시장을 탐방했던, 문명의 혜택을 빗겨간 대학 시절의 경험이 떠오릅니다.

아무튼 소소 선생은 말을 타고 압록강을 건너며 죽음의 고비를 넘긴 끝에 얻은 깨달음을 글로 남겼는데, 물과 자신의 경계가 사라지는 'Mindfulness'(본 것을 믿는가, 믿는 것을 보는가)의 경지에 이른 듯 보입니다.

> 그땐 물을 땅이라 생각하고, 물을 옷이라 생각하고
> 물을 내 몸이라 생각하고, 물을 내 마음이라 생각하리라.
> 그렇게 한번 떨어질 각오를 하자 마침내 내 귀에는 강물 소리가 들리지 않았다.

소소 선생이 『열하일기』를 통해 청으로 부터 배워야 한다고 주장한 문물 중 세 가지를 들어보겠습니다.

첫째, 수레입니다. 청나라는 길을 반듯하게 닦았고 수레를 통한 물류 시스템을 잘 갖추었습니다. 하지만 조선에서는 수레가 잘 쓰이지 않았는데 그 이유는 길이 나지 않으니 수레가 필요 없고, 잘 정비된 도로는 적의 침략에 이용될 우려가 있다는 황당한 이유 때문이었습니다. 앞서 포드가 어떻게 앰트랙의 고객을 자동차로 전환시켰는지 설명드린 바 있습니다('우화 속 숨겨진 전략적 혁신' 참조). 자동차가 처음 도입되었을 때부터 도로가 전부 포장되어 있었던 것은 아닙니다. 자동차를 만들며 도로를 계속 포장한 것이죠. 한편, 고구려 시대의 고분 벽화를 통해 조선 이전에도 수레가 어느 정도 쓰였던 사실이 밝혀졌습니다. 그런데 그로부터 1,000여 년이 지난 조선 후기에도 왜 수레가 제대로 쓰이지 않았는지 이해하기 어려운 미스터리입니다.

둘째, **벽돌입니다.** 당시 조선은 흙담 형태의 집이 보편적이었으나 청은 벽돌집이 꽤 유행했습니다. 소소 선생은 벽돌을 쓰면 도둑과 쥐, 뱀 등에 의한 피해를 막을 수 있다고 주장했습니다. 사실, 조선에 벽돌 제작 기술이 없었던 것은 아니었습니다. 벽돌로 만들어진 백제무령왕릉에서 알 수 있듯이 다만 조선이 그것을 잘 활용하지 않았던 것뿐입니다.

셋째, **말똥입니다.** 청은 말똥을 함부로 버리지 않고 거름으로 사용했습니다. 이 외에도 쓸모없는 물건들을 재활용하는 데 익숙했다고 합니다. 오늘날의 리사이클링 문화가 그 시대에도 있었던 것입니다.

이처럼 소소 선생의 신문물에 대한 생각은 결국 백성을 풍요롭고 행복하게 만들고자 하는 이용후생 사상에 기반을 둔 것입니다. 하지만 당대에는 동일한 청의 문물을 한날 한시에 봐도 오랑캐의 하찮은 것으로 치부하기 일쑤였습니다. 아무리 의미가 있는 것을 보아도 성리학적 가치 기준에 위배되면 결코 인정하지 않는 사대부들이 주류였기 때문입니다. 대개의 경우, 사람은 자신이 믿는 것을 보는 경향이 있습니다. 이에 대해 소소 선생은 다음과 같이 말했습니다. "법이 좋고 제도가 아름다우면 아무리 오랑캐라 할지라도 떳떳하게 스승으로 삼아야 한다."

일본은 조선 도공을 통해 습득한 도자기 기술(청화백자 기술)을 응용(청화백자에 채색)해 유럽으로 수출했는데 그러한 일본 도자기는 엄청난 인기를 끌었습니다. 그래서 세계에 널리 알려진 청화백자는 조선이 아닌 일본의 명품 히트 상품이 된 것입니다. 아버지를 아버지라 부르지 못하고 조선의 도자기를 조선의 도자기라 부르지 못하는 상황이 된 것이죠.

조선의 역사를 공부하며 늘 안타까웠던 점이 있었습니다. 고려 시대까지만 해도 주변국은 물론 아라비안 반도까지 자유로운 교역이 있었는데 조선 시대의 대외 정책은 수동적이고 폐쇄적으로 후퇴했다는 점입니다. 이는 단지 무역 문제에 국한되지 않고 한반도 주변의 정세를 제대로 읽지 못하게 만들었습니다. 심지어 임진왜란과 병자호란이라는 커다란 외침을 겪고도 여전히 외부 변화를 외면했습니다. 이러한 기조는 훗날 서구 열강과의 불평등한 외교 문제는 물론 일제에 나라를 빼앗기는 결과를 초래한 근본적 이유 중 하나라고 생각합니다.

이번에는 서양 문물을 접하는 태도를 예로 들어 보겠습니다. 일본은 서양의 언어를 배워서 일본어로 번역(에도 시대 서양의 인체해부학 서적을 번역한 『해체신서』가 대표적)하였고 중국은 서양인이 중국어를 배워 중국어로 전파해주었던 반면, 조선은 중국어나 일본어로 번역된 것을 다시 우리 말로 번역하여 이해하다 보니 많은 왜곡이 발생할 가능성이 컸습니다. 성경을 읽다 보면 '출애굽기'라는 표현이 나옵니다. 여기서 애굽이란 이집트의 중국어 음차 표기로 '이집트 탈출기'를 의미합니다. 최초 성경을 받아들이는 과정에서 중국어 번역본을 재번역하다 발생한 웃픈 상황이라 할 수 있습니다. 하지만 왜 지금까지도 '출애굽기'라는 표현을 그대로 사용할까요?

경영 기법 중 다른 기업의 사례를 통해 교훈을 얻고 이를 자사에 적용해 보는 '벤치마킹'(Benchmarketing) 기법이 있습니다. 원래 벤치마킹은 토목 공사시 강물의 높이를 측정하기 위해 설치된 기준점을 뜻하는 벤치마크(Benchmark)에서 비롯되었습니다. 따라서 벤치마킹 활동 시 가장 중요한 것은 무엇을 비교할 것인가에 대한 관점입니다.

*마케팅 한다더니
인문학이 왜 나와?

- **업종 관점 vs 기능 관점**
해당 기업이 속한 동일 업종(대개의 경우 경쟁사)에 초점을 둘 것인지, 동종 업으로 한정하지 않고 상이한 업종이라도 배울 수 있는 기능에 초점을 맞출 것인지를 결정.

- **결과 관점 vs 과정 관점**
목표치(결과)에 초점을 둘 것인지, 목표까지 도달하기 위한 과정에 초점을 둘 것인지를 결정.

대부분의 기업들은 위에서 설명한 두 가지 관점 중 업종과 결과 중심의 벤치마킹을 선호합니다. 하지만 업종보다는 기능에, 결과보다는 과정 중심의 벤치마킹 활동이 훨씬 혁신적이고 의미있는 효과를 도출할 수 있습니다. 왜냐하면 업종과 결과 중심의 벤치마킹은 단순 적용 수준에 그쳐 개선 이상의 효과를 얻기 어렵기 때문입니다. 인류의 혁신적 발명들이 이를 뒷받침해줍니다.

얼마 전, 지자체들이 경쟁하듯 케이블카를 개발한다는 뉴스를 봤습니다. 일부 지역에서 그것이 관광 상품으로 성공하였기 때문입니다. 그런데 어느 지역을 방문해도 케이블카가 있다면 지역간 차별성이 떨어지지 않을까요? 더군다나 케이블카는 막대한 투자가 수반되는 사업이라 ROI(Return on Investment: 투자 대비 수익률)를 철저히 따져봐야 합니다. 남들이 한다고 똑같이 단순 적용하는 것은 벤치마킹의 진정한 취지가 아닙니다. 관광객들이 정말 원하는 것(Wants)이 케이블카인지, 자연인지, 더 나아가 그 지역만의 특색을 느낄 수 있는 또 다른 무엇인지 곰곰이 생각해보아야 합니다.

우리는 평소 부러움의 대상인 타인에게 무엇을 배우고 본받고자 했나요? 그것이 우리 자신을 차별화하는 데 얼마나 도움이 되었나요?

성공적인 벤치마킹 = 벤치마킹 관점 + Wants + Identity

역사

#5

제자백가(諸子百家) 사상으로부터 배우는 상품전략

제자백가란 중국의 춘추전국시대에 활동했던 다양한 사상의 학파와 학자들을 통칭하는 말로써, 제자(諸子)는 여러 학자를, 백가(百家)는 수많은 학파를 뜻합니다. 주(周)왕조가 붕괴되기 시작하면서 각 지방의 봉건 제후들이 세력을 넓히기 위해 유능한 인재를 찾는 데서 비롯되었는데, 대표적인 학파는 유가, 묵가, 도가, 법가 등이 있습니다.

공자(기원전 551년~479년경)가 창시한 '유가'는 인과 예를 중시하였으며, 맹자와 순자에 의해 이어져 왔습니다. 유가 사상은 수많은 전쟁으로 나라가 혼란스럽고 재정이 악화되면서 귀향을 하게 된 일부 관료와 귀족들이 백성들에게 장례를 가르치고 그것을 예로 확장한 데서 유래되었습니다. 인과 예는 곧 인류애이며 이는 자신과 가장 가까운 존재, 즉 가족관계로부터 발현되고 이를 백성으로 확장해야 한다는 것입니다.

공자는 형식(文)만 갖추고 그 바탕(質)이 없는 것을 꾸짖었는데, 아무리 공부를 해도 사람의 됨됨이가 나아지지 않는 것은 이른바 '서자서아자아'(書自書我自我: 책은 책이고 나는 나이다)라고 했습니다. 즉, 입으로 말한 바를 실천하지 않는다면 처음부터 전혀 배운 적이 없는 사람과 차이가 없다는 의미입니다.

상품전략도 마찬가지입니다. 아무리 훌륭한 이론과 경험을 알고 있더라도 그것을 실천하지 않는다면 굳이 앞선 경험을 통한 교훈과 경영학 대가들의 이론을 배울 필요가 없습니다. 다시 말해 제대로 된 상품전략을 세우는 것도 중요하지만 그것의 실천이 더 중요합니다. 기업활동을 하다 보면 열심히 공들여 기획서나 전략서를 만들어놓고 그냥 사장되는 경우가 허다합니다. 시장에서 성공적인 상품이 되려면 공자의 '서자서아자아'를 잊지 말아야겠습니다.

묵가를 대표하는 묵자(기원전 479년~381년경)는 어떻게 하면 서로를 죽이는 끔찍한 침략전쟁을 없앨 수 있을까 고민하던 중, 강대국인 초나라가 약소국인 송나라를 공격하려고 준비한다는 사실을 알게 되었습니다. 이에 목숨을 걸고 혈혈단신 초나라의 혜왕을 찾아가 전쟁을 막고자 했습니다. 당시 초나라에는 중국의 레오나르도 다빈치라 불릴 만한 공수반이라는 목수가 있었습니다. 그는 혜왕의 명을 받아 당시로서는 아주 획기적인 공격무기인 운제(雲梯, 구름사다리)를 만들었고, 이를 활용하여 성 안에 있는 적들을 쉽게 공략할 수 있었습니다. 이에 묵자는 공수반의 무기에 대처하는 방법을 혜왕 앞에서 시나리오에 근거하여 설명했습니다. 오늘날로 말하자면 시뮬레이션 기법을 활용한 일종의 워게임(War Game)이었습니다.

상품전략 워크숍 중에도 이러한 워게임 기법을 빌어 경쟁사의 전략에 대응하는 자사의 전략, 예를 들어 경쟁사가 대체 상품을 출시했을 때, 가격을 10% 내렸을 때, 경품 프로모션을 했을 때 대응 전략은 무엇인지와 대응 전략에 따른 경쟁사의 스탠스는 무엇인지 등을 미리 체크해보는 방법이 있습니다.

다시 묵자의 이야기로 돌아가면, 9회에 걸친 그의 탄탄한 방어 전략으로 송나라는 초나라의 공격을 피할 수 있었습니다. 이렇듯 묵자는 강대국의 침략을 막기 위한 방법으로 기술과 과학에 힘썼는데, 공격 기술이 발달하면 방어 기술도 발달하고, 그러면 그것을 무력화시킬 수 있는 새로운 공격 기술을 발달시켜 결국 악순환의 한계에 부딪치게 됩니다. 그래서 묵자는 모두가 서로를 사랑하면 서로에게 이익을 준다는 '겸상애 교상리'(兼相愛 交相利)를 주장하게 됩니다.

　기업도 경쟁상황에 직면하게 되며, 경쟁자 또는 경쟁 상품보다 더 이점이 있는 상품들을 내놓아야 합니다. 하지만 때로는 경쟁사와의 싸움에 앞서 '겸상애 교상리'처럼 경쟁사를 이해하고 존중하며 함께 시장의 규모를 키우는 것이 우선일 때도 있습니다. 시장의 도입기와 성장기에는 더욱 그러합니다. 제로섬 게임처럼 뺏고 뺏기는 싸움 대신 시장을 더 키움으로써 지금보다 더 큰 이익을 나눌 수 있기 때문입니다. 널뛰기에서 내가 더 높이 날기 위한 방법은 무엇일까요? 그것은 바로 상대방을 더 높이 올려주는 것입니다.

　이번에는 도가에 대해서 알아보겠습니다. 도가 사상은 노자에서 비롯되어 장자(기원전 369년~289년경)에 의해 우리에게 좀 더 친숙해졌습니다. 공자와 묵자가 숭고한 도덕적 이상을 바탕으로 명확한 옳고 그름을 논했다면, 장자는 옳고 그름의 기준과 방법을 새로 제시하며 기존의 개념들을 탈피했습니다. 예를 들어, 장자는 아내가 죽었을 때도 슬퍼하지 않고 질그릇을 두드리며 노래를 불렀습니다. 이를 본 친구들이 의아해하자 그는 이렇게 말했습니다.

　"세상의 원리를 이해하면 고통으로부터 자유로워질 수 있다. 세상의 모든 것은 연결되어 있기 때문에 죽음 또한 변화의 일부분이며 '기 … 생명 … 자연'의 순환으로 그 존재는 계속된다."

어찌 보면 서양의 스피노자 사상과도 비슷합니다. 실제로 장자는 죽기 전 제자들에게 자신의 시신을 들판에 방치하도록 유언을 남겨 새와 벌레가 먹게 두었으며, 이를 통해 대자연으로의 순환을 도모했습니다. 사물과 현상을 바라보는 관점이 참으로 독특한 분이라 개인적으로 매료된 사상가이기도 한데요, 재미있는 일화를 두 개만 소개해보겠습니다.

장자의 양생주(養生主)에 무용지용론(無用之用論)이 나옵니다. 무용지용이란 무용지물이 유용지물이 되는 것, 즉 '쓸모 없음의 쓸모'를 말합니다. 어느 날 한 목수와 그의 제자들이 제나라를 여행하던 중 나뭇가지만으로도 배 10척은 거뜬히 만들 수 있을 정도의 커다란 나무를 발견했습니다. 이에 제자들이 목수에게 그 나무를 베기를 간청했습니다. 그러자 목수는 나무의 재질이 좋지 않아서 그 나무로 배를 만들면 침몰할 것이며, 문을 만들면 뒤틀릴 것이고, 기둥을 만들면 썩을 것이니 아무짝에도 쓸모가 없다고 말했습니다. 며칠 뒤, 목수의 꿈에 그 나무가 나타나 이렇게 말했습니다. "나는 과실도 없고 나무 결도 좋지 않아 사람들이 내버려두었기에 오래도록 살아남을 수 있었다. 덕분에 더위에 지친 사람들에게 시원한 그늘을 제공하고 있으니 이 어찌 유용하지 않겠는가?"

어떤 상품의 고객가치는 기존의 기준으로 볼 때는 쓸모없는 것으로 여겨질 수도 있습니다. 하지만 통념을 깨고 새로운 가치판단의 기준을 제시하거나 한 걸음 떨어져 쓸모없음의 반대편에서 바라본다면, 그동안 간과하고 있었던 소중한 고객가치를 발견할 수도 있습니다.

하루는 장자가 길을 지나다 풀숲에 앉아 꿈쩍도 하지 않는 까치를 보았습니다. 장자가 까치에게 다가갔지만 까치는 뭔가

에 정신이 팔려 장자가 접근하는 것을 전혀 몰랐습니다. 그 모습이 하도 기이하여 까치의 시선을 따라 고개를 돌려보니 나뭇가지에 앉은 사마귀가 보였습니다. 그런데 그 사마귀는 나뭇가지에 매달린 매미를 노려보고 있었습니다. 그리고 장자 또한 남의 밭에서 한참을 멈추어 있다 보니 밭 주인에게 도둑으로 몰려 도망가는 처지에 놓였습니다. 이일로 장자는 당장 눈앞의 먹잇감에 정신이 팔려 자신에게 닥칠 위험을 미처 알지 못하는 우매함을 깨달았습니다. **이를 사자성어로 '당랑포선**(螳螂捕蟬) 이라고 합니다.

상품도 마찬가지입니다. 단기적 이익만을 위해 미래를 희생하는 상품을 출시하면 결국 더 큰 손해를 보게 됩니다. 장기적 안목과 투자가 필요한 이유입니다.

마케팅 한다더니 인문학이 왜 나와?

마지막으로 법가 사상의 대표 현인인 한비자(기원전 280년~233년경)를 살펴보겠습니다. 공자와 묵자가 이상주의자라면 한비자는 현실주의자로서 제왕학을 정립한 것으로 유명합니다. 서양에서는 중세에 이르러서야 마키아벨리(1469~1498, 이탈리아)에 의해 군주론이 대두되기 시작했으니, 한비자가 얼마나 대단한 사상가인지 알 수 있습니다.

그는 왕(리더)의 덕목으로 여섯 가지 술(術)을 제시했는데, 그중 하나인 유반(有反)에 대한 일화를 소개하겠습니다. 하루는 진문공이라는 왕이 궁중요리사를 시켜 술상을 받았습니다. 그런데 고기 산적을 먹다 머리카락이 감겨 있는 것을 발견했습니다. 진문공은 진노하여 당장 궁중요리사를 잡아들여 엄벌에 처하려 했습니다. 그러자 궁중요리사는 진문공에게 이렇게 말했습니다. "폐하, 저는 세 가지 죄를 지었나이다. 첫 번째는 칼질이 매우 뛰어나 고기는 잘라도 고기 사이의 머리카락은 자르지 못한 것이고, 두 번째는 고기를 나무꼬챙이에 꿰는 실력이 뛰어나 머리카락만 빼고 고기를 꿴 죄입니다. 마지막 세 번째는 고기 굽는 실력이 워낙 뛰어나 머리카락만 빼고 고기를 구운 죄입니다. 소인이 이렇게 요리를 잘하는 죄, 죽어 마땅합니다." 이 말을 들은 진문공은 그 궁중요리사가 해를 입을 경우 이익을 취하는 자를 찾았고, 보조요리사가 주방을 차지하려고 꾸민 일이라는 것을 알게 되었습니다.

조직의 리더는 누군가에 해로움이 생기면 그 이익을 취하는 자가 반드시 있으니, 그 이익의 반대편, 보이지 않는 곳을 살펴야 한다는 교훈입니다. 상품이나 사업전략을 수립할 때, 우리는 이해관계자 지도(Stakeholder Map)를 통해 여러 이해관계를 파악해봅니다. 그리고 백오피스(Back-office)의 보이지 않는 곳으로부터 숨은 강자의 숨겨진 니즈(Implicit Needs)를 찾듯이 성공적인 상품은 숨겨진 니즈의 발견으로부터 출발할 수 있습니다.

제자백가 사상이 인간을 이해하고 난세에 정의를 추구하려 했던 것처럼, 경영에도 기업가정신(Entrepreneurship)이라는 것이 있습니다. 사업은 이윤 창출과 함께 어떤 형태로든 사회적 기여 및 환원에 대한 책임을 수반해야 한다는 점을 잊지 말아야겠습니다.

#6

세종대왕의
핵심역량은?

위대한 업적과 더불어 오늘날 가장 칭송받는 임금인 세종대왕의 핵심역량(Core Competency)은 무엇일까요? 한글을 창제할 정도의 뛰어난 언어력? 측우기와 혼천의를 개발할 정도의 뛰어난 기술역량? 절대 음감으로 알려질 만큼 음악적 조예가 깊은 예술성?

세종대왕은, 요즘 말로 하자면 뭐 하나 빠질 게 없는 엄친아 중 엄친아입니다. 하지만 그의 핵심역량을 한마디로 정의한다면 '여민(與民) 사상을 통한 혁신'이라 얘기하고 싶습니다.

다음은 그와 관련된 일화입니다. 당시 저울을 조작하여 백성들을 속이는 상인들이 문제가 되었습니다. 이에 신하들이 세종대왕에게 규제법을 만들어 그러한 상인들을 처벌하자고 권하였습니다. 하지만 세종대왕은 처벌 대신 정확한 저울을 많이 만들어 이를 저렴한 가격으로 유통하게 하였습니다. 그러자 백성들이 직접 저울을 구입해 사기꾼 곡물상과 거래를 중단하게 되었고, 나쁜 곡물상들은 자연 도태되었다고 합니다. 백성들 스스로 문제를 해결할 수 있도록 자생력을 길러주는 일! 즉 여민(與民) 사상입니다.

훈민정음 창제도 동일한 맥락으로 이해하면 됩니다. 백성

스스로 글을 깨우쳐 이를 통해 원하는 일을 할 수 있도록 쉬운 글자를 만들었다는 뜻입니다. 우리가 잘 아는 링컨의 명언이 있죠. "Government of the people, by the people, for the people." 세종대왕은 여기에 'with the people'을 더했습니다.

이제 '여민 사상을 통한 혁신'이라는 세종대왕의 핵심역량으로 다시 돌아와보죠. 세종대왕의 핵심역량을 언어력, 기술력 등 어느 특정요소로 정의하지 않은 이유를 그 본질적 의미

여민해락(與民偕樂): 백성과 함께 즐거움을 나누다.

로 되짚어보겠습니다.

기업들은 상품 / 사업 전략을 수립할 때 핵심역량을 고민하게 됩니다. 핵시역량이 제대로 정의되어야 앞으로 만들고자 하는 상품에 대한 목표를 세울 수 있고, 무엇을 준비해야 하는지 로드맵도 설정할 수 있기 때문입니다. 그렇다면 기업들은 상품 / 사업의 핵심역량이 무엇인지 자신있게 이야기할 수 있을까요? 기업 / 상품을 대상으로 핵심역량을 조사해보면 안타깝게도 개발역량, 기획역량, 운영역량 등 특정 기능 단위의 단편적 역량으로 인식하는 경우가 대부분입니다.

핵심역량의 창시자인 프라할라드(C.K. Prahalad)와 하멜(G. Hamel)은 다음과 같이 정의하였습니다.

핵심역량이란 근본적인 고객 편익과 경쟁 차별화를 제공하는 기량(skills)**과 프로세스**(processes), **가치**(values), **기술**(technologies), **자산**(assets)**의 총합**(bundle)**이다.**

즉, 각각은 중요한 자원 요소이지만 하나의 요소가 전체 핵심역량을 대변하지는 않습니다.

그럼, 이러한 핵심역량의 개념을 국민 스포츠 스타, 김연아 선수에 적용해보겠습니다.

김연아 선수의 핵심역량은 무엇일까요? 연아스핀(Yuna spin)? 점프의 정확성? 스피드? 뛰어난 연기력? 아름다운 외모? 앞에서 설명드린 바와 같이 어느 하나의 요소로 핵심역량을 정의할 수는 없습니다. 총합(bundle)의 개념으로 바라본다면 '자신감을 바탕으로 한 연아스핀(Yuna Spin)과 과감한 연기력'으로 정의할 수 있을 것 같습니다.

아울러, 핵심역량의 참 의미를 알고 오용을 막기 위해 아래 도식의 세 가지 구성요소를 이해할 필요가 있습니다.

첫째, 기본 경쟁 필요사항(BCRs)입니다. 이것은 산업과 시장 내 기

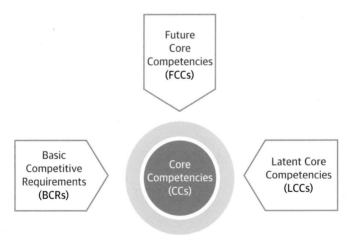

핵심역량(Core Competency)의 구성 요소

본 전제요소이므로 모든 상품에 대부분 반영되어 있기 때문에 경쟁사 상품과의 차별화에는 별 도움이 되지 못합니다. 즉, 충분조건이 아니기 때문에 이것만 갖추어서는 시장에서 성공할 수 없습니다.

둘째, 잠재 핵심역량(LCCs)입니다. 이것은 어디엔가 숨어있는 역량으로, 잘 찾아보면 수면 위로 끌어 올릴 수 있습니다. 대개의 경우 조직의 정치적인 문제나 이해관계 충돌로 인해 의도적으로 숨겨지기도 하고 때로는 간과되어 휴면 상태로 있기도 합니다.

셋째, 미래 핵심역량(FCCs)입니다. 현재는 보유하고 있지 않지만 상품 경쟁력을 확보하기 위해 미래의 어느 시점에는 반드시 갖추어야 할 역량입니다.

이러한 세 가지 구성요소를 갖추어야만 진정한 의미의 핵심역량이라 할 수 있습니다. 하지만 안타깝게도 대부분의 기업들은 위의 세 가지 중 BCRs를 달성하기 위해 많은 노력을 하다 지쳐 LCCs와 FCCs를 놓치는 경우가 많습니다. 결국, 시장 내 경쟁자들이 만들어놓은 것을 흉내 내면서 현재의 수준에 그치다 보니 시장에서 상품이 팔릴지 않게 되는 것입니다.

이번에는 핵심역량을 발굴하여 성공한 기업의 사례를 소개하겠습니다. 아날로그 방식의 카메라가 시장을 지배할 때 코닥(Kodak)과 함께 시장을 양분했던 후지필름(Fuji Film)을 기억하실 겁니다. 이 후지필름은 지금 어떤 상품을 판매하고 있을까요? 참고로 코닥은 이전의 상품만을 고수하다 파산했고, 영어로 '과거의 영광에 안주하다 실패한 경우'를 'Being kodaked'라고 할 정도로 불명예를 안게 되었습니다.

과거, 후지필름의 CEO 고모리 시게타카는 전통적인 카메라 필름 사업이 어려워질 것을 예측하고 기존의 **'타도 코닥'**에서 **'탈 필름'으로 전략적 방향을 재설정했습니다.** 특히, 그들의 핵심역량을 철저히 분석하여 그들이 잘할 수 있는 것을 찾아 냈고, 이를 통해 새로운 사업 기회를 만들었습니다. 그 과정은 다음과 같습니다.

우선, 그들이 기존에 만들던 필름의 구조와 LCD TV의 편광필름 구조가 유사하다는 점에 착안하여 TAC(Triacetyl Cellulose)라는 것을 만들었습니다. 현재는 삼성전자를 비롯한 세계 유수의 TV 및 디스플레이 제조업체들이 후지필름으로부터 TAC 부품소재를 공급받고 있으며 그 의존도도 높다고 합니다. 후지필름은 여기에 만족하지 않고 Astalift라는 상품도 개발했습니다. Astalift는 얼굴의 주름을 방지하는데 효과적인 화장품으로, 선풍적인 인기를 끌었습니다. 언뜻 보면 기존의 핵심역량과 전혀 무관한 상품 같지만, 필름의 주성분인 콜라겐이 피부 노화 방지에 효과적이라는 점에 착안하여 기존 핵심역량을 전이시킨 것입니다.

Astlift(출처: Astlift)

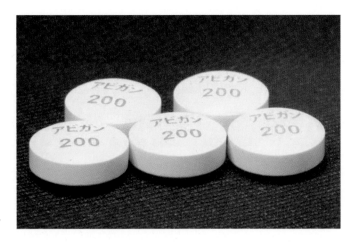

Avigan Tablet 200mg(출처: Fujifilm Holdings Corp)

그들은 여기서 멈추지 않았습니다. 이번에는 제약산업에 진출하여 Avigan이란 약품을 만들었습니다. 이 약품은 원래 조류인플루엔자 치료를 목적으로 만들어졌는데, 훗날 에볼라바이러스 치료에 탁월한 효과가 입증되면서 제약시장에서도 독보적인 입지를 굳히게 되었습니다.

그들은 어떻게 이런 약까지 만들 수 있었을까요? 후지필름은 수만 가지의 화학품을 다뤄본 경험을 토대로 제약이 화학물질과 관련이 깊다는 점을 십분 활용한 것입니다. 후지필름의 트랜스포메이션은 어떻게 계속 성공할 수 있었을까요? 그것은 핵심역량의 올바른 정의와 자신감을 바탕으로 한 끊임없는 도전이 이루어낸 결과물입니다.

후지필름은 그 이후에도 필름을 통해 터득한 영상기술을 바탕으로 내시경, 초음파진단기기 등 의료장비시장까지 진출하고 있습니다. 참으로 대단하지 않나요?

지금까지 걸어온 후지필름의 길을 보면, 핵심역량을 다음과 같이 정의할 수 있을 듯합니다. '화학물질 합성 기술과 끊임없는 도전정신을 토대로 한 트랜스포메이션 역량.'

이상에서 살펴본 핵심역량의 본질을 통해, 기업과 상품에서의 거창한 핵심역량은 차치하더라도 잠시 '나'라는 개인의 핵심역량에 대해 생각해보는 건 어떨까요?

혹시, 우리의 핵심역량은 답정너인가요? 과연, 미래의 나를 위한 LCCs와 FCCs는 무엇일까요?

#7

프랑스 대혁명과
삼봉 사상
그리고
기업 혁신

혁명은 한자로 가죽 혁(革), 목숨 명(命)으로 표기합니다. 이 단어는 춘추전국시대 은나라의 한 신하가 폭정을 일삼는 주왕을 쫓아내고 새로운 왕(무왕)이 된 사건에서 유래했기 때문에 왕조 교체를 의미합니다.

맹자는 이에 대해 왕이 인의를 헤치고 직언하는 신하를 죽이며 백성을 도탄에 빠뜨릴 경우 군주로서의 정통성을 상실한 것이므로 아래로부터의 왕조 교체가 정당하다고 주장하였습니다.

시대를 관통하는 여러 혁명 중에 영화나 뮤지컬을 통해 익숙한 프랑스대혁명 이야기를 나누어 보겠습니다. 당시 프랑스는 왕족, 성직자, 귀족들을 위해 평민이 모든 세금을 부담하는 불평등한 체제였습니다. 게다가, 루이 14세는 왕권을 강화하고 재정을 충당할 목적으로 부유한 평민들에게 관직을 매매하기 시작했습니다. 그러다 보니 루이 14세 초, 4,000여 개였던 관직의 수가 그의 사망 무렵엔 무려 4만 5,000여 개로 늘었습니다. 결국, 관직을 가진 귀족의 증가는 평민들에게 엄청난 세금 부담으로 돌아올 수밖에 없었습니다.

이처럼 불평등한 세금제도로 인해 평민들의 삶이 궁핍해지자, 부르주아(프랑스어로 성을 뜻하는 '부르그' 안에 사는 사람이란 의미로 법률, 회계, 금융, 상업 등 귀족의 일을 처리해주기 위해 성 안에 살게 된 사람들)로 일컬어지는 계몽사상에 영향을 받은 부유한 평민 지식계층이 앙시앙레짐(구체제)인 삼부회 제도에 저항하기 시작했습니다.

> 프랑스혁명의 발발에 영향을 미친 대표적 계몽사상가, 볼테르는 '자유'의
> 가치에 대해 다음과 같이 말했습니다.
> "나는 당신의 발언에 반대하지만 당신 발언의 자유를 위해 싸우겠다."

원래 루이 16세는 전국 단위의 삼부회 소집을 통해 귀족들에게도 세금을 부과하는 개혁을 추진하려 했지만, 당연히 귀족들의 반발이 심했고 결국 평민들에게 세금을 더 거두기로 결정하게 됩니다. 그러자 평민 대표인 부르주아가 이를 거부해 별도의 국민의회를 소집하게 되었고, 왕실이 이를 진압하는 과정에서 프랑스대혁명이 발발하게 됩니다.

이후 우여곡절 끝에 로베스피에르, 조르주 당통, 장 폴 마라 등 3인방이 주축이 된 자코뱅당이 집권하며 피의 숙청이 진행되었고 수많은 사람들이 기요틴에 의해 처형되었습니다.

기요틴은 보기만 해도 무 서운 잔인한 도구지만, 역설적으로 당시에는 매 우 인도적이고 평등 사 상을 반영한 사형도구였 습니다. 그때까지만 해도 비교적 고통을 수반하지

Guillotine(출처: 구글 이미지)

않는(?) 참수형은 귀족들만의 특권이었고, 일반인들은 끔찍한 고문을 당한 후 거열이나 화형 등으로 처형되었는데, 기요틴은 모두가 고통 없이 평등하 게 죽을 수 있도록 하자는 취지에서 고안되었기 때문입니다. 기요틴이라는 이름은 발명자 중 한 사람인 기요틴(의학교수)의 이름을 딴 것입니다. 기요 틴은 프랑스대혁명 과정 중 파리의 콩코드광장에서 매일 6시간씩 작동이 될 정도로 공포정치의 상징이 되었습니다.

하지만, 3인방마저 결국 죽임을 당하고 나폴레옹이 쿠데타 로 집권하게 됨으로써 10여 년에 걸친 프랑스대혁명은 막을 내 리게 됩니다(1789년~1799년). 비록 초기의 선의가 무색할 정도로 미완의 혁명이 되고 말았지만 프랑스혁명이 추구한 자유, 평등, 권리 사상은 그 이후 세계 정치와 사회에 커다란 영향을 미쳤 습니다. 다만, 프랑스대혁명을 통해 왕정이 무너졌지만 나폴레

모차르트의 히트작 오페라로 사회적 약자인 하인과 여성들이 힘을 모아 귀족을 골탕 먹이는 내용입니다. 신분제의 모순을 신랄하게 비판했기 때문에 당시 프랑스에서 3년간 공연이 금지되기도 했습니다. 극중 하인인 피가로는 귀족을 향해 다음과 같이 말합니다.

"그 많은 특권을 얻기 위해 스스로 무엇을 했나요? 세상에 태어나는 수고를 한 것 외에 아무것도 한 게 없지 않나요?"

(출처: 구글 이미지)

옹 사후 루이 18세가 왕이 됨으로써 왕정 체제로 회귀하였고, 결국 왜 그토록 많은 사람들이 피의 대가를 치른 것인지 알 수 없는, 참으로 씁쓸한 결말이 되고 말았습니다.

　잠시, 우리나라의 역사를 살펴볼까요? 조선의 건국 사상에서 가장 중요한 인물이 **삼봉 정도전**입니다. 정도전은 서양의 입헌군주제가 도입되기 거의 300년 전, **재상주의**(왕은 상징적인 역할을 하고 왕이 임명한 재상들이 실질적으로 정치를 하는 제도)를 주장하였으니 그가 얼마나 시대를 앞서갔는지 잘 알 수 있습니다. 하지만 아쉽게도 그는 이방원에 의해 죽임을 당함으로써 조선 건국 사상은 결국 빛을 보지 못하게 되었습니다.

중종반정(1506년)은 또 어떠했나요? 연산군의 지속되는 실정에 소위 삼대장(박원종, 성희안, 유순정)이라 불리는 주도세력이 연산군을 폐위시키고 그의 이복동생인 중종을 왕으로 세웠습니다. 프랑스대혁명의 발발 배경과 사상은 사뭇 달랐지만 삼대장은 흡사 프랑스혁명의 주도세력인 3인방을 연상케 합니다. 아울러 조광조의 개혁이 기묘사화(조광조의 개혁정책을 왕권에 대한 도전으로 간주하여 중종이 그를 죽이는 사건)로 실패하면서 반정(바르게 되돌린다는 뜻)의 주도세력은 프랑스혁명의 3인방처럼 또 다른 적폐가되는 모순을 낳았습니다. 물론 역사적으로 그 정당성을 인정하여 정변(난)이 아닌 반정으로 명명하고 있지만 이 또한 씁쓸한 결말이 되고 말았습니다.

프랑스대혁명과 삼봉의 재상주의, 중종반정 등 이러한 역사적 사건들은 시대를 관통하는 분명한 공통점이 있습니다. 바로 혁명이나 개혁 이후, 주도세력인 그들 스스로가 또 다른 개혁의 대상으로 전락했다는 점입니다. 이는 단지 구체제에 대한 불만에 집중한 나머지 그것을 어떻게 개혁하겠다는 계획과 실천 의지가 부재했기 때문이라고 볼수 있습니다.

기업활동도 마찬가지입니다. 앞서의 역사적 사건들은 기업 혁신 관점에서 다음의 두 가지 교훈을 남깁니다.

첫째, 기업혁신은 혁신의 행위 자체도 중요하지만 그 혁신의 결과물들이 향후 어떻게 실행될 것인가의 로드맵이 더 중요합니다. 기업은 매년 경영목표를 달성하거나 새로운 시장 창출을 위해 TFT(Task Force Team)를 구성하여 많은 혁신 과제들을 만들어냅니다. 하지만 여러 이유와 제약으로 정작 구체적인 혁신의 로드맵(청사진)을 수립하고 그것이 실행으로 이어지는 경우는 드뭅니다. 역사적 사건들도 혁명 그 자체보다 혁명 이후의 청사진 제시가 더 중요한 것처럼 말입니다. 수많은 희생을 담보한 프랑스혁명의 결말이 그러했듯 기업에서도 매번 프로젝트가 끝나면, 과제 참여자들은 한 번쯤 이런 생각을 하게 됩니다. 우리가 이 프로젝트를 왜 한 거지?

둘째, 혁신의 지속성입니다. 기업에서 경영진이 교체되면 기존의 혁신과제와 프로그램들이 중단되는 경우가 종종 발생합니다. 세종, 정조, 스티브잡스처럼 위대한 리더에 의해 혁신이 주도되는 것도 의미가 있지만 이는 지속성을 담보할 수 없습니다. 한 사람의 위대함보다는 시스템에 의해 단발성 이벤트가 아닌 지속적인 프로그램이 되어야 하는 이유입니다.

프랑스대혁명을 배경으로 한 영화를 보면, 늘 무릎까지만 덮는 바지 차림의 귀족이 등장합니다. 당시 프랑스에선 퀼로트(Cullote: 무릎바지)가 귀족의 상징이었는데, 프랑스대혁명의 주도세력인 시민은 구체제를 거부한다는 의미로 상 퀼로트(Sans-Cullote: 무릎바지가 아닌), 즉 긴바지를 입고 생활했습니다. 오늘날 여성 패션으로 인기 있는 '치마인 듯 치마 아닌 치마 같은' 퀼로트 스커트(치마 바지)도 여기서 유래된 것입니다.

세계의 메이저 골프 대회는 2016년이 되어서야 남성의 반바지 복장을 허용했으며, 아직도 반바지에 대한 부정적 인식을 갖고 있는 것을 보면 혹시 골프는 프랑스혁명의 정신을 계승하고자 한 것은 아닐까요?

(출처: 구글 이미지)

역사와 기업활동이 그러하듯, 우리 인생도 마찬가지입니다. 자기계발도 일종의 혁신활동입니다. 우리는 자기계발을 위해 열심히 피땀 흘리며 노력합니다. 하지만 그러한 노력 이후의 삶에 대해서는 과연 얼마나 고민하는 것일까요? 우리는 도대체 왜 땀 흘리며 노력하는 것일까요?

마케팅 한다더니
인문학이 왜 나와?

심리

#8

본 것을 믿는가?
믿는 것을 보는가?

고객들에게 새로운 시각으로 바라볼 수 있는 눈(인식)을 제공하지 못하면 기존 상품의 카테고리에 갇혀 다른 상품과 차별화가 되지 못합니다. 즉, 상품기획자와 영업담당자들은 자신뿐 아니라 고객들에게도 새로운 인식을 제공하는 에반젤리스트 역할을 해야 합니다. 고객의 인식을 바꾸기 위해서는 고객의 생각, 더 나아가 인간의 뇌와 심리에 대한 이해가 필요한 것 같습니다.

마케팅은 '사실(Fact)과 인식(Perception) 간의 싸움'입니다. 다시 말해, 어떤 현상이나 사건의 사실 여부보다는 소비자의 머릿속에서 어떻게 인식되고 있는지가 더 중요합니다. 즉, 대개의 경우 팩트보다 인식이 더 큰 영향을 미친다는 의미입니다. 다만 요즘은 인터넷, SNS 등 IT의 발달로 팩트의 확산 범위가 넓고 전파속도가 빨라져서 과거에 비해 팩트와 인식 사이의 차이가 줄어들고 있습니다. 실제로 지난 대선 과정에 있었던 한 방송사의 토론회를 보면 대통령 후보자들의 주장에 대해 실시간 팩트 체크 팀이 가동되어 잘못된 인식이 고착화되는 것을 어느 정도 차단하였습니다(물론 가짜 뉴스의 전파속도가 더 빨라지는 부정적인 면도 있습니다.). 하지만 인간은 실제 현상보다 자신의 뇌가 믿는 것을 사실로 받아들이는 경향이 있습니다. 이와 관련하여 재미있는 뇌 과학 실험을 소개합니다.

피실험자의 양손을 그림과 같이 책상 위에 올려놓은 후, 오른쪽 어깨 앞으로 고무로 된 가짜 손을 올려놓습니다. 그리고 칸막이를 가짜 손과 오른손 사이에 두어 피실험자에게 오른손이 보이지 않도록 합니다. 이제 실험자가 피실험자의 가짜 손과 오른손을 동시에 붓으로 쓰다듬어줍니다. 1~2분간 이렇게 자극을 주다가 가짜 손에만 자극을 주어도 피실험자는 실제 자신의 손처럼 간지러움을 느끼게 되고, 실험자가 망치로 가짜 손을 때리려 하면 화들짝 놀라 오른손을 빼는 행동을 하게 됩니다. 이와 같이 다른 사물을 마치 자기 신체의 일부로 착각하는 현상을 '**고무손 착각**'(Rubber hand illusion)이라고 합니다. 어찌 보면 우리는 눈으로 본 것이 아니라 우리 뇌가 믿고 싶은 것을 믿는 셈입니다.

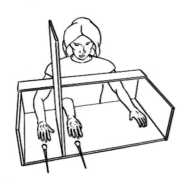

고무손 착각(Rubber Hand Illusion) 실험(출처: 구글 이미지)

또 다른 사례를 들어보겠습니다. 1979년, 하버드대학교의 심리학 교수인 엘렌 랭어(Ellen Langer)는 사람들의 생각이 신체에 미치는 영향을 밝혀내기 위해 노인들을 대상으로 흥미로운 실험을 했습니다. 일명 '시계 거꾸로 돌리기'라는 실험입니다.

랭어는 한 일간지에 80대 노인들에게 무료로 여행을 보내준다는 광고를 실어 정신이 온전하고 큰 병이 없는 노인들을 실험 참가자로 선발했습니다. 선발된 80대 남성 8명은 일주일간 외딴 수도원에서 두 가지 규칙을 지키며 생활을 하게 했습니다. 하나는 빨래, 설거지 등 집안일을 스스로 하는 것이고, 다른 하나는 20년 전인 1959년처럼 생활하라는 것이었습니다. 이를 위해 집 안에 1950년대의 영화와 음반을 갖춰 놓고 물품도 되도록 당시와 같은 것으로 재현해놓았습니다. 그리고 실험 참가자들은 1959년에 개봉한 마릴린 먼로의 영화를 보거나 1959년의 야구 잡지를 보며 그해의 우승팀에 대한 추억 속에서 담소를 나누게 하였습니다.

그런데 일주일의 여행을 마친 후 노인들에게 엄청난 변화가 생겼습니다. 이전과 달리 보호자의 도움 없이도 계단을 오르내렸고, 가벼운 운동이 가능해졌습니다. 심지어 노인들의 신체검사 결과 기억력과 시력, 청력, 악력 등 모든 면에서 50대 수준으로 향상되었습니다. 뇌가 어떻게 인식하느냐에 따라 신체 나이가 달라진 것입니다.

Mindfulness

인간 행동 심리학 분야의 대가인 엘렌 랭어 박사는 의식구조(Mindset)의 중요성을 밝혀낸 실험으로 유명합니다. 그녀는 힘든 육체노동을 하는 청소원들에게 마치 피트니스센터에서 근력운동을 하는 것처럼 인식시키면 똑같은 육체 노동을 하더라도 혈압, 체중, 체질량 지수 등 건강지표가 이전보다 훨씬 개선된다는 것을 밝혀냈습니다.

이러한 이론은 종종 영화 속에서 중요한 스토리텔링이 되곤 합니다. 예를 들어 『닥터 스트레인지』나 『쿵푸팬더』를 보면 주인공의 마음가짐에 따라 초능력과 무공이 엄청나게 향상됩니다.

영화 『닥터스트레인지』의 한 장면

예전의 한 통신사 광고가 떠오르네요. "나이는 숫자에 불과하다!" 혹시 자신이 너무 나이가 들었다고 생각하는 분이 있다면, 지금부터라도 과거로 여행을 하며 그때의 철없음(?)으로 돌아가보면 어떨까요?

이상의 실험에서도 알 수 있듯이 인간은 '뇌가 믿는 것'을 '보는' 경향이 강합니다. 따라서 고객 자체가 아닌 고객의 뇌가 믿는 것을 바꾸어야 합니다. 물론 여간 어려운 일이 아닐 것입니다.

우리는 얼마 전, 태극기 집회에 참가하여 과격한 행동으로 타인에게 직접 가해를 한 어르신들을 지켜봤습니다. 심리학자들은 이를 과거 한국전쟁을 겪으며 생긴 고정관념과 그 고정관념을 반박하는 현실 간의 인지 부조화(Cognitive dissonance)로 인해 자기합리화를 하는 과정으로 이해하기도 합니다. 즉, 그들은 실제 팩트인 정보를 접해도 인지부조화의 불편함을 해소하기 위해 진실을 애써 부정하고 그동안 자신의 뇌가 믿어왔던 것을 더 강력한 진실로 믿는 것이라 할 수 있습니다.

다시 상품 이야기로 돌아오겠습니다. 그렇다면 우리는 어떻게 고객의 고착화된 인식을 바꿀 수 있을까요? 이를 해결하기 위해 마케팅 활동 중 블라인드 테스트(Blind Test)를 종종 활용합니다. 브랜드 인지도 측면에서 열세인 기업들이 선발 사업자 또

캘리포니아의 나파 밸리(Napa Valley)는 와인으로 아주 유명한 곳입니다. 이곳에서 처음 와인이 제조된 것은 1769년 프란체스카 수도원으로 거슬러 올라가는데, 본격적인 생산이 시작된 것은 1948년 금광이 발견된 뒤였다고 합니다. 사실, 골드러시로 큰돈을 번 사람은 극히 일부였고, 대다수는 금광 채굴에 실패했습니다. 실패자들은 이 지역이 포도 재배에 좋은 기후임을 알고 와인을 생산하기 시작했습니다. 1976년 이전까지 와인은 프랑스의 전유물로 여겨지고 있었기 때문에 캘리포니아산 와인은 별다른 주목을 받지 못했습니다.

그런데 1976년 5월, '파리 심판의 날'이라고 불리는 역사적인 사건이 벌어졌습니다. 프랑스에서 개최된 세계 와인 평가 대회에서 10명의 저명한 소믈리에들을 초청하여 블라인드 테스트를 한 결과, 놀랍게도 캘리포니아 와인이 모든 프랑스 와인을 제치고 우승을 한 것입니다.

는 지배적 사업자의 브랜드와 맞서기 위한 방식인데, 음료나 주류 업계에서 자주 볼 수 있습니다.

기업은 그들의 상품과 서비스를 잘 알리기 위해 많은 마케팅 커뮤니케이션 활동을 합니다. 우리가 인간의 뇌에 대한 특성을 잘 이해하고 그것을 단지 뇌가 아닌 마음으로 전달하고자 한다면, 고객의 마음속에 상품과 서비스를 확실히 자리매김할 수 있습니다. 인간관계에 있어 누군가를 설득하는 것도 같은 이치일 것입니다.

마케팅 커뮤니케이션 기법

ATL(Above the Line): 불특정 다수를 대상으로 TV, 라디오, 인쇄물, 인터넷 등의 전통적인 매체를 활용한 마케팅 커뮤니케이션 기법.
BTL(Below the Line): 특정 타깃 고객을 대상으로 이벤트, 전시, CRM(Customer Relationship Management), PRM(Partner Relationship Management)을 활용한 마케팅 커뮤니케이션 기법. 비교적 가성비가 좋음.
TTL(Through the Line): ATL과 BTL을 시장 상황에 따라 혼합하여 사용.

"때때로 매우 어려운 문제에 직면했을 때, 그것을 해결하는 것은 우리의 뇌가 아니라 가슴이다."(Sometimes, when we're faced with an intractable problem, it's not the brain that can solve it. It's the heart.)

- 미드 『퍼셉션』(Perception) 중에서

#9
가격의 심리학: 내 안의 지름신과 소확행

"얼마면 돼? 얼마면 되겠니?" 한때 신드롬을 일으켰던 드라마, 『가을동화』 속 배우 원빈의 대사입니다.

기업에서 흔히 사용하는 단어인 전략(Strategy)은 본원적 경쟁전략 차원에서 보면 차별화(Differentiation)와 원가 우위(Cost Leadership) 전략, 두 가지만 존재합니다. 틈새시장(Niche Market)에 대한 집중화 전략도 있지만, 이 역시 위의 두 가지 영역에 포함될 수 있습니다. 따라서 성장전략, 제휴전략, 시장전략, 철수전략 등 무수히 많은 전략과 전술(Action Item)은 상위 레벨의 본원적 경쟁전략이 결정된 후 수반되는 전략들입니다. 경영학에서는 차별화와 원가 우위의 범주에 포함되지 않는 경우를 '어정쩡한'(stuck in the middle) 전략이라고 부르는데, 이처럼 명확한 방향성이 없는 전략을 구사할 경우 폭망할 가능성이 높다는 것이 수많은 기업 사례 연구를 통해 밝혀졌습니다.

마케팅의 4P 요소 중 하나인 가격은 기업이 상품의 차별화로 승부하기 어려울 때 활용하는 전략으로, **시장침투 전략**(Market Penetration)**과 초기 고가 전략**(Market Skimming)이 있습니다. 낮은 가격으로 점차 시장을 잠식하고자 하는 시장침투 전략은 기업이 원가 경쟁력을 갖고 있거나 손실을 감수하더라도 다른 기회를 만들고자 할 때 쓰는 방법입니다. 초기 고가 전략은 신규 론칭 시 고가격으로 시장에 진입한 후, PLC(Product Life Cycle)의 성숙기 단계에 접어들면서 점차 가격을 내리는 전략으로, 현재 수요가 충분하거나 경쟁자의 시장 진입이 어려운 경우에 적합한 방법입니다. 상품 또는 서비스의 가격은 목표 이익, 시장 내 경쟁 정도, 고객의 가치 인식에 따라 표와 같은 네 가지 산정 방법이 있습니다.

이 네 가지 방법 중 자사의 상품 또는 사업의 특성에 맞는 방법을 적용해야 합니다. 예를 들어 초기 투자가 많이 필요한 인프라 사업의 경우 원가에 근거한 가격접근법은 시장경쟁력이 없으므로 중장기적인 관점에서 BEP(Break Even Point)를 고려

가격 산정 방법	의미	고려 사항
원가 가산법 (Cost Plus Pricing)	제품의 원가에 표준이익을 가산하는 방법.	수요와 경쟁에 대한 고려가 필요함.
목표 이익 가격결정법 (Target Profit Pricing)	기업이 목표로 하는 이익을 얻기 위한 것으로 손익분기점을 이용함으써 적정 투자수익률로 가격을 조정할 수 있는 방법.	가격탄력성 및 목표이익에 도달할 수 있는 수요 예측이 필요함.
구매자 중심의 가격결정법 (Buyer-centric Pricing)	구매자의 가치 인식을 기준으로 제품의 가격을 결정하는 방법.	구매자의 가치 인식에 대한 정확한 판단이 필요함. 할인 요구에 의한 이윤 감소.
경쟁 중심의 가격결정 (Going-rate Pricing)	원가나 수요보다는 시장 내 경쟁사의 가격과 비교하여 결정하는 방법.	수요의 탄력성을 측정하기 어려운 경우 사용.

*마케팅 한다더니
인문학이 왜 나와?

한 목표 이익 가격결정법으로 시장에 진입하는 것이 바람직합니다.

이외에 고객의 심리를 활용한 가격접근법도 있습니다. 예를 들어 대형마트의 '통 큰 치킨' 행사를 살펴보겠습니다. 대형마트는 원가에 훨씬 못 미치는 가격으로 치킨을 판매하는데, 사실 이는 소비자들을 마트로 유입시킨 후 더 큰 소비를 유도함으로써 마트의 총이익을 증가시키고자 하는 전략입니다. 이처럼 일정 기간 손실을 보지만 이를 통해 다른 상품의 매출을 촉진시키는 '통 큰 치킨' 같은 상품을 미끼상품[Loss Leader]이라고 합니다.

미국의 유명한 록밴드인 '나인 인치 네일스(Nine Inch Nails)'의 멤버이자 프로듀서인 트렌트 레즈너는 새 앨범 발매 시 웹사이트에 이메일 주소만 입력하면 누구나 음악을 무료로 다운로드할 수 있게 했습니다.

다만, 10달러짜리 CD, 75달러짜리 딜럭스 에디션(기본 에디션에 화보집을 추가한 고급 앨범), 한정판으로 구성한 300달러짜리 울트라 딜럭스 에디션을 함께 판매했습니다. 그 결과, 놀랍게도 무려 8억 원 이상의 수익을 올렸다고 합니다.

통신서비스 요금은 어떨까요? 일반적으로 통신서비스 요금은 약정제도 등 고객이 쉽게 이해하기 어려운 복잡한 구조를 가지고 있습니다. (의도했든, 의도하지 않았든) 이는 판매점 직원들의 세일즈 능력에 따라 더 높은 요금제를 유도하는 데 도움이 되기도 합니다.

가격과 관련하여 아주 재미있는 이론이 있습니다. 이른바 심리 계좌(Mental Account) 이론입니다.

2017년 넛지(Nudge) 이론으로 노벨경제학상을 받은 리처드 탈러(Richard H. Thaler)의 연구에 의하면, 인간은 목적에 따라 마음의 계좌가 여러 개 존재한다고 합니다. 예를 들어, 다음 두 가지 상황에 따라 어떤 의사결정을 내릴지 생각해보세요.

(실험 내용은 이해를 돕기 위해 필자가 일부 각색하였으며, 지갑 속에는 딱 10만원만 있다고 가정해보겠습니다. 당시는 종이 티켓이 있어야만 영화관 입장이 가능했던 시기로, 요즘처럼 스마트폰만 있어도 영화관 입장이 가능한 세상은 잠시 잊어주세요.)

1) 영화를 보기 위해 티켓을 구입(10만 원 중 1만원 지불)했다. 상영시간이 아직 남아서 잠시 돌아다니다 입장하려고 보니 티켓을 분실했음을 알게 되었다(현재 지갑에는 9만 원 남음).

2) 영화관에 도착해서 표를 사려는 순간 10만 원 중 1만 원을 분실한 것을 알게 되었다.

자~ 여러분이라면 어떤 상황에서 다시 1만 원을 지불하고 영화를 보시겠습니까?

심리 계좌 이론에 따르면, 사람들은 첫 번째보다 두 번째 상황에서 영화를 보기 위해 다시 돈을 지불하는 경우가 많다고 합니다. 왜냐하면 첫 번째 상황에 더 속상해 하고 다시 지불하는 것을 아까워하기 때문입니다. 그런데 생각해보면 참으로 이상하지 않나요? 어차피 똑같이 1만 원을 잃어버린 것인데 말이죠.

그럼 왜 이런 '조삼모사' 같은 현상이 벌어질까요? 탈러는 이를 다음과 같이 설명했습니다.

1)의 경우 사람들은 돈에 대한 마음속 계좌가 두 개입니다. 즉 1만 원짜리 영화 티켓 계좌와 9만 원짜리 현금 계좌입니다.

2)의 경우, 마음속 계좌는 10만 원짜리 하나입니다. 따라서 1)의 상황에서는 현금 계좌는 손실이 없지만 영화 티켓 계좌는 100% 손실이 발생한 것으로 인식하며 2)의 상황에서는 현금 계좌에서만 10% 손실이 발생한 것으로 인식한다고 합니다. 100% 손실보다는 10% 손실이 심리적인 안정감을 주기 때문에 2)의 상황에서 재구매할 확률이 높다는 것입니다.

가끔 뉴스를 통해 로또에 당첨되어 예기치 않은 돈을 벌었지만 금세 전 재산을 탕진했다는 사람들의 소식을 접할 때가 있습니다. 이것을 **공돈 효과**[House Money Effect]라고 하는데, 사람들은 보통 쉽게 번 돈을 리스크가 큰 곳에 투자하거나 흥청망청 쓰는 경우가 많습니다.

전통 경제학에서는 '인간은 이성에 근거해 합리적 의사결정을 한다'라고 가정합니다. 반면에 심리 계좌 이론은 인간이 잘못된 해석이나 편견으로 엉뚱하고 비합리적인 의사결정을 자주 한다는 행동경제학(behavioral economics)의 토대가 되었습

니다.

누구나 한번쯤 쇼핑몰에서 지름신을 영접하기도 하고, 궁셔리(궁상 맞음+럭셔리)에 소확행(소소하지만 확실한 행복)을 느끼기도 합니다. 과연 우리는 세상의 모든 상품과 서비스의 가격 앞에서 얼마나 합리적일까요? 어쩌면 상품의 가격은 합리적으로 정해진 것이 아니라 고객들의 비합리적인 마음을 반영해서 정해진 것인지도 모르겠습니다.

노벨상을 받은 후 기자들이 그 상금을 어떻게 쓸지 묻자 리처드 탈러는 이렇게 대답했습니다.
"가능한 한 비합리적으로 쓰려고 노력할 것입니다."

마케팅 한다더니
인문학이 왜 나와?

#10
고객의 인사이트는
연인의 속마음과 같다

우스갯소리로 "여자친구가 아무 문제도 아니다"라고 얘기하는 순간 남자는 바짝 긴장을 해야 한다는 말이 있죠? 그것은 곧 모든 게 문제라는 것을 의미하며, 더 나아가 그 모든 문제 중 여자친구가 정말 원하는, 그렇지만 그녀도 잘 모르는 그 문제(?)를 정확히 찾아 해결해주어야 하기 때문입니다. 기업의 문제보다 연애가 더 어려운 것 같죠?

혹시 여러분들이 현재 연애를 하고 있다면, 고객 인사이트(Customer Insight)를 잘 찾는 교육과정을 밟고 있는 것과 마찬가지라고 할 수 있습니다.

(연락하지 마!=
화났으니까 풀어줘.
연락하지 말라고! =
연락 안 하면 진짜
끝이야!)

*마케팅 한다더니
인문학이 왜 나와?

다음은 개그콘서트의 한 코너에서 발췌했는데요, 여자친구는 과연 어디가 달라졌을까요?

> (여자) 오빠, 나 오늘 뭐 달라진 것 같지 않아?
> (남자) 완전 예뻐졌네.
> (여자) 어디가 예뻐졌냐고~. 나 샌들 산 거 안 보여?
> (남자) 와~ 샌들 완전 예쁘다!
> (여자) 오빠 실망이야!

정답은 '패디큐어'였는데요, 연인이라는 고객의 마음을 얼마나 잘 이해하고 있는지 파악해보는 문제였습니다.

사전에서는 인사이트를 '겉으로 드러나지 않는 속마음'으로 정의하고 있습니다. 따라서 고객 인사이트란 고객이 알려주지 않거나 자신도 잘 모르고 있어서 우리가 찾아내야 하는 대상입니다. 바꿔 말하면 고객이 쉽게 알려주는 것은 누구나 알고 있는 표면적인 니즈(needs)일 가능성이 높다는 것이죠. 인류학자이며 마케팅 컨설턴트이기도 한 클로테르 라파이유(Clotaire Rapaille) 역시 "고객들의 말을 있는 그대로 믿지 말라"라고 조언했습니다.

많은 기업들이 VoC(Voice of Customer) 수집을 위해 노력하고 있지만 그 결과에 대해서는 종종 회의적입니다. 암묵적 니즈(implicit needs)를 발견하는 것이 쉽지 않을 뿐만 아니라 특정 고객의 피드백은 자칫 특정 고객만을 위한 상품으로 전락하는 경우가 발생하기 때문입니다.

많은 상품기획자와 조사자(Researcher)들은 고객 인터뷰를 통해 다음의 몇 가지 유형들을 알아내곤 합니다. "더 빠르게 해주세요." "더 작게 해주세요." "더 많이 넣어주세요." 정도의 차이는 있겠지만 대부분의 기업에서 파악하고 있는 고객의 니즈가 이 세 가지 유형에 해당된다고 해도 과언이 아닐 것입니다. 그러나 **이러한 니즈는 단지 상품의 기능 개선을 위한 것일 뿐 시장의 게임 법칙을 바꿀 정도의 혁신적인 것이 아닙니다.**

 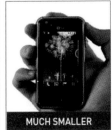 

MUCH FASTER   MUCH SMALLER   MORE FEATURES

그럼 우리는 고객으로부터 어떻게 인사이트를 얻을 수 있을까요?

첫째, 그동안 잘 모르고 있었던 것에 주목하자!

고객이 알고 있다고 해도 표현하기 어렵거나 고객 스스로도 인식하지 못하는 것들이 있습니다. 앞에서 언급한 여자친구의 마음처럼 말이죠.

둘째, 그동안 저평가받고 있었던 것에 주목하자!

고객의 사업 영역에서 관성에 젖어 포기한 것이 있는지 찾아보고 그것을 다시 소생시켜보기 바랍니다. 시장 트렌드와 의사결정권자의 관점에 따라 과거 저평가 대상이 어느 순간 떠오르는 스타가 될 수도 있습니다.

셋째, 고객 스스로 임시 해결하는 니즈가 있는지 주목하자!

기업이 스마트폰에 MDM(Mobile Device Management) 솔루션을

적용하기 이전에 사람들은 회사 내에서 스마트폰 카메라 렌즈에 작은 테이프를 붙이고 다녔습니다.

우리가 발견한 것들이 위의 세 가지에 해당된다면 의미있는 고객 인사이트를 얻을 수 있는 확률이 그 만큼 높아지는 것입니다.

고객 인사이트를 얻는 방법

고객 인사이트를 얻는 방법은 크게 정량적 조사(Quantitative Research)와 정성적 조사(Qualitative Research)로 나뉩니다. 전자는 다수를 대상으로 통계적 유의미를 발견하는 설문조사 기법이며, 후자는 델파이(Delphi), FGI(Focus Group Interview) 등의 인터뷰와 관찰, 실험, 체험 등이 있습니다.

▶ 설문조사

많은 노력에 비해 의미 있는 결과를 찾아내기가 쉽지 않은 조사기법이나 신상품 기획 시 컨조인트 분석(Conjoint Analysis)이나 MDS(Multi-Dimensional Scale) 기법을 활용하면 시장 내 플레이어들의 상품 대비 자사 상품의 현 위치 또는 지향하고자 하는 위치를 파악하여 자사 상품의 차별화 포인트를 찾아내는 데 유용합니다.

마케팅 한다더니
인문학이 왜 나와?

▶ 실험 기법

인터뷰 및 관찰 기법에 비해 조사자의 특정 의도에 부합하는 환경을 구성하여 가설을 검증하거나 대안을 찾는 데 유용합니다. 유명한 실험 사례를 하나 소개해드리겠습니다.

1978년, 미국에서는 맥도날드 햄버거의 패티가 지렁이 고기로 만들어졌다는 루머가 퍼졌습니다. 물론 사실이 아닌 것으로 밝혀졌습니다(보통 마케팅을 '팩트와 인식의 싸움'이라고 하는데, 대개는 인식이 이기는 법이죠). 그 결과 맥도날드의 매출은 무려 30%나 급감했습니다. 이에 경영진들이 모여 대책을 마련했고 쇠고기 원가보다 지렁이 원가가 더 비싸니 굳이 지렁이로 고기를 만들 필요가 없다고 대대적인 TV 광고를 내보냈습니다. 그 이후 고객의 반응은 어떠했을까요? 아이러니하게도 매출이 더 떨어졌습니다.

이후 회사는 다음과 같은 실험을 실시했습니다. 피실험자 그룹을 세 개로 나누어 각각 다른 방에 10명씩 배치했습니다. TV를 통해 맥도날드 지렁이 뉴스를 내보낸 후, 첫 번째 방에는 이에 대한 반박 광고를 보여주었고, 두 번째 방에는 아무런 정보를 주지 않고 무대응했으며, 세 번째 방에는 가짜 피실험자가 프랑스 음식점에서 달팽이 요리, 거위 간을 먹은 이야기로 화제를 전환하였습니다. 그리고 점심 시간이 되자 각각의 방으로 맥도날드 햄버거를 들여보냈습니다.

결과는 어떻게 되었을까요? 세 번째 방, 두 번째 방, 첫 번째 방 순으로 실험자들이 햄버거를 더 많이 먹었습니다. 두 번째 방의 결과는 차라리 가만히 있으면 중간은 간다는 말과 같은 맥락입니다.

이 실험 결과를 토대로, 맥도날드는 지렁이를 연상케 하는 햄버거 노출은 최소화하고 프렌치프라이와 밀크셰이크에 대한 마케팅 커뮤니케이션을 강화해서 급락한 매출을 끌어올리는 데 성공했습니다.

소비자 행동에서는 이를 인출 전략(Retrieval Strategy)이라고 하는데요, 기존의 부정적 정보를 꺼내고 거기에 새로운 정보를 넣어 부정적 기억을 회피하게 만드는 원리입니다. "코끼리를 생각하지 마~" 그러면 코끼리를 더 생각하게 되는 이치와 같습니다. 이것은 정치에서도 프레임 이론으로 활용됩니다. 언어학 박사인 조지 레이코프(George Lakoff)는 그의 저서 『프레임 전쟁』을 통해 특정 공격에 대한 가장 최악의 대응은 반복적인 방어라고 말했습니다. 프레임을 부인할수록 오히려 프레임을 활성화시키게 되는데, 많은 기업이나 유명인들이 실제 그러한 상황에 부딪치면 코끼리를 더 생각하게 하는 우를 범하고 있습니다.

▶ 체험 기법
영국인 제인 구달(Valerie Jane Goodall) 박사는 침팬지 연구를 위해 아예 아프리카 탄자니아 오지에서 10년 넘게 살았으며, 저상버스 및 노인들을 위한 주방용품 디자이너로 유명한 패트리샤 무어(Patricia Moore)는 노인 분장을 하고 무려 3년간 미국과 캐나다 전역을 돌아다녔습니다.

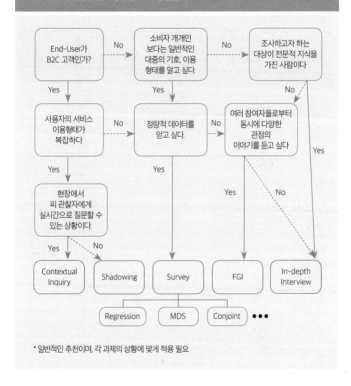

조사 목적과 과제 성격에 맞는 조사 방법은?

| End-User가 B2C 고객인가? | → No | 소비자 개개인 보다는 일반적인 대중의 기호, 이용 형태를 알고 싶다. | → No | 조사하고자 하는 대상이 전문적 지식을 가진 사람이다 |

Yes / Yes / No

| 사용자의 서비스 이용형태가 복잡하다 | → No | 정량적 데이터를 얻고 싶다. | → No | 여러 참여자들로부터 동시에 다양한 관점의 이야기를 듣고 싶다 |

Yes / Yes / Yes / No / Yes

현장에서 피 관찰자에게 실시간으로 질문할 수 있는 상황이다.

Yes / No

Contextual Inquiry — Shadowing — Survey — FGI — In-depth Interview

Regression — MDS — Conjoint ●●●

* 일반적인 추천이며, 각 과제의 상황에 맞게 적용 필요

그럼, 이번에는 미국에서 실제 존재했던 두 가지 상품을 소개하겠습니다.

첫 번째 상품은 한 스타트업 기업에 의해 개발된 iSmell이라는 마우스입니다. 이 마우스는 브랜드 그대로 PC 게임을 생

동감 있게 해주기 위해 마우스에서 향이 나오는 상품입니다. 두 번째 상품은 주파수가 잘 잡히지 않는 지역을 위한 월정액 라디오입니다. 이 두 상품 중 어떤 것이 대박이고 어떤 것이 쪽박일까요? 고객 인사이트를 적용해 생각해보시기 바랍니다.

정답부터 말씀드리면 전자가 쪽박이고 후자가 대박입니다. 전자는 리얼한 게임을 원하는 고객의 니즈를 잘 반영했습니다. 4D극장처럼 말이죠. 그런데 왜 실패했을까요? 그 원인은 다음의 두 가지로 요약할 수 있습니다. 첫 번째 원인은 게임의 특성에서 찾을 수 있습니다. 대부분의 인기 있는 게임들이 배틀(Battle)이다 보니 피비린내 같은 향을 담게 되었습니다. 끔찍했겠죠?

두 번째 원인은 고객의 유형을 분석해 보면 알 수 있습니다. B2B 상품의 경우 보통은 실사용자와 구매자가 다릅니다. 마찬가지로 게임의 경우도 아이들이 실사용자라면 구매자는 부모겠죠. 부모 입장에서 공부 안 하는 것도 화가 나는데 이런 마우스를 반길 리가 없습니다. 결국 2001년 포춘이 선정한 그해 '최악의 상품'이란 오명을 얻었고, 그로 인해 파산까지 하게 된 아주 웃픈 사연의 상품입니다.

그럼, 후자는 어떻게 대박 상품이 되었을까요? 타깃 고객이 누구인지 생각해보면 됩니다. 바로 트럭 기사들입니다. 그

110

넓디넓은 땅을 몇 날 며칠을 이동해야 하거든요. 연구자에 따르면 고객은 그저 "졸리지 않게 해주세요"라고 하소연을 했을 뿐입니다.

이제, 연애를 하거나, 누군가를 조금 더 이해해야 할 일이 생긴다면 Customer Insight를 떠올려보시면 어떨까요?

iSmell의 실제 이미지

위성 라디오 서비스를 위한 단말기 SIRUS의 실제 모습

마케팅 한다더니
인문학이 왜 나와?

예술 / 문화

#11

헨델을 통해
기업가정신을
되돌아보다

고전음악가 헨델의 생애와 업적을 통해 '기업가정신'(entrepreneurship)을 되돌아보고자 합니다. 경제학자 슘페터(Joseph Alois Schumpeter)는 기업가가 기술혁신 및 창조적 파괴(creative destruction)를 통한 이윤 창출과 사회적 책임을 함께 추구하는 것을 기업가정신으로 정의했습니다. 그런 면에서 헨델은 위대한 음악가이자 기업가정신을 잘 보여준 사업가입니다.

게오르그 프리드리히 헨델
(Georg, Friedrich Händel)
1685년~1759년
출생 독일
주요 작품
수상의 음악, 왕궁의 불꽃놀이 음악, 12개의 합주 협주곡집 Op.6, 오르간 협주곡 제1집 Op.4, Handel Sarabande D단조 4악장, 바이올린 소나타, 오라토리오 이집트의 이스라엘인(성악곡), 메시아(오페라), 리날도(오페라): 울게 하소서 헨델은 대학에서 법학을 전공하였으나 음악에 대한 재능과 열정으로 하노버 궁정 음악사가 되었습니다. 하지만 그는 안정적인 궁정 음악사의 삶을 버리고 영국으로 귀화하여 음악활동을 했으며, 웨스트민스터 사원에 묻힐 정도로 독일보다는 영국에서 더 인정을 받은 음악가입니다. 경건하고 딱딱한 독일의 음악 스타일과 달리 자유분방함과 화려함을 추구하던 헨델에게 영국은 도전과 기회의 땅이었고, 영국 또한 국가 경제력에 비해 유명한 음악가를 배출하지 못했기에 헨델에게 러브콜을 보낸 것입니다. 영국은 헨델 이후 100여 년이 지나서야 '엘가'가 태어날 정도로 음악 분야에서 극심한 인물난을 겪었습니다. 어쩌면 그 한을 '비틀즈'와 '퀸'으로 풀지 않았나 생각합니다.

영국에 온 헨델은 오페라 『리날도』(Rinaldo: 십자군이 예루살렘을 해방시키고 리날도가 연인을 구출하는 내용)의 아리아(독창) '울게 하소서'로 엄청난 성공을 거두었습니다. 우리에게는 영화 『파리넬리』 (Farinelli The Castrato, 1994)를 통해 잘 알려진 곡입니다. 이러한 성공을 계기로 헨델은 직접 오페라 극장을 창업하고 경영했습니다.

무역업이 주류 사업이던 당시, 오페라는 투자 대비 수익 실현 기간이 짧고 수익률도 높은 아주 매력적인 사업이었습니다. 무역업은 배로 먼 거리를 왕래하며 교역하는 데 수년이 걸렸고, 중간에 해적이나 폭풍을 만나는 등 리스크가 너무 컸기 때문입니다. 한동안 잘 나가던 헨델의 오페라 사업은 작곡가 조반니 보논치니(Giovanni Bononcini)와 그의 곡을 부르던 '파리넬리'(본명: 카를로 브로스키)가 인기를 끌면서 위기를 맞게 되었습니다.

게다가 존 게이의 발라드 오페라 중 '거지 오페라'가 크게 성공하면서 헨델이 경영하던 오페라 사업에 심각한 타격을 주었고 결국 파산한 헨델은 도박과 음주로 방탕한 생활에 빠지게 됩니다.

이후, 간신히 정신을 차린 헨델은 시장의 CSF(Critical Success Factor)를 분석하고 발라드 오페라를 벤치마킹하여 '오라토리오'라는 새로운 분야를 개척하였습니다. 즉, 파괴적 혁신을 통한 차별화를 만들어낸 것입니다(이 부분은 경영학 관점에서의 추론입니다).

기존 오페라 사업 VS 신규 오페라 사업

	전통 오페라	발라드 오페라	오라토리오 (신사업 기획)
타깃 고객	왕족, 귀족 (교육 수준 높음)	부유한 상인	서민층 (교육 수준 낮음)
언어	독일어	영어	영어
주제 / 이야기 형식	그리스신화	일상, 해학과 풍자 (거지 오페라)	성경
비용 구조	고비용	중비용	저비용(무대장치와 무대의상 없앰)

카스트라토의 유래

당시 '여성들은 노래를 할 수 없다'는 해괴한 교회법 때문에 변성기를 맞기 전의 소년을 거세시켜 여성과 같은 음역대의 노래를 부르게 하였습니다. 주로 이탈리아의 빈곤층 아이들이 경제적 이유로 카스트라토가 되었는데, 이것이 오늘날 카운트 테너의 시초가 되었습니다. 다만, 우리가 알고 있는 '파리넬리'는 귀족 출신의 카스트라토입니다.

헨델은 교육수준이 높아 독일어에 능하고 그리스신화를 잘 알고 있는 귀족층이 아닌, 영어로 된 성경이야기를 쉽게 이해할 수 있는 서민층을 타깃으로 오라토리오를 기획하였고, 음악적 구성은 동일하되 무대 비용은 획기적으로 낮추어 공연함으로써 재기에 성공했습니다. 이로 인해 부와 명예를 다시 얻었지만 노년에 비만, 뇌출혈, 실명의 위기로 건강을 잃고 인생의 무상함을 느낍니다. 이때 친구가 보내준 시를 읽고 감동한 그는 불후의 명작인 『메시아』를 작곡했는데, 이는 음악 및 경제적 성공과 더불어 그의 삶을 크게 바꾸어놓게 됩니다. 『메시아』는 예수의 인생을 담은 곡으로 레치타티보, 할렐루야 코러스, 합창곡의 3부작으로 구성되어 있으며 이 가운데 2부 할렐루야 코러스가 가장 많이 알려져 있습니다.

이후부터 헨델은 소외계층 특히 고아원을 적극적으로 후원하였고 영국 최초의 고아원, 파운들링 호스피털에 메시아 공연 수익금 전액을 기부했습니다.

음악 대학의 모태가 된 고아원

줄리어드, 커티스, 피바디, 파리 등 유명 음악대학은 유럽의 고아원으로부터 유래되었다고 해도 과언이 아닙니다. 18세기, 가면축제가 성행한 유럽은 사생아가 많이 출생했고 이 때문에 고아원이 많이 필요했습니다. 『사계』로 잘 알려진 음악가 비발디는 고아원 원장으로 평생을 보냈는데, 고아에 대한 편견을 없애고 재정 확보를 위해 고아 소녀들에게 음악을 가르치고 연주회를 개최하였습니다. 이것이 바로크 음악의 기틀이 되었습니다.

이처럼 헨델은 한때 지극히 세속적이며 자신만의 안위를 위해 살았지만, 이후 깨달음을 얻고 현실에 안주하지 않는 음악과 오페라 사업을 통해 사회에 큰 기여를 했습니다.

찰스 피니라는 존경받는 미국 기업가가 있습니다. 1930년대 대공황 시절, 가난한 이민자 가정에서 태어난 그는 면세점 사업으로 엄청난 부를 축적하여 40대에 억만장자가 되었습니다. 하지만 지인들과 직원들에게 워낙 인색했고, 세무조사를 통해 비밀 회계장부가 발견되면서 무려 15년간 수억 달러를 빼돌린 정황이 밝혀졌습니다. 그러자 모두가 그를 부정축재자로 비난했습니다. 그러던 중 뜻밖의 진실이 밝혀졌습니다. 그는 아무도 모르게 미국과 베트남, 쿠바, 필리핀 등에 4조 5,000억 원에 달하는 교육 및 의료 기부를 해왔고 이러한 사실을 알리면 기부를 중단하겠다고 엄포를 놓았던 것입니다. 그는 2017년까지 재산의 99%인 66억 달러를 기부해왔고, 현재는 부인과 함께 작은 임대아파트에서 노년을 보내고 있습니다. 그리고 2020년까지 얼마 남지 않은 재산마저 모두 사회에 환원하겠다고 선언했습니다. 일부 기업들의 갑질 횡포가 종종 사회적 문제가 되고 있는 요즘, 그의 이러한 기업가정신은 참으로 시사하는 바가 큽니다.

영화, 『인터스텔라』에 이런 대사가 나옵니다.
"그릇된 이유로는 옳은 일도 하지 마라!"
아래 두 문장 중 어느 쪽이 더 와 닿으시나요?
Do the things right. vs Do the right things.

기업가정신의 관점에서 보면 'Do the things right'는 결과 지향적입니다. 만일 주어진 일이 나쁜 짓인데도 맹목적으로 그저 열심히, 잘 해낸다면 잘못된 것이죠. 즉 원하는 결과가 나오는 방향으로 과정이 맞춰질 수 있다는 의미입니다. 반면 'Do the right things'는 과정 지향적입니다. 해야 할 일이 무엇을 위한 것인지, 이유가 정당한 것인지 정확히 판단하고 올바른 절차와 방법으로 수행하면 설령 좋지 않은 결과가 나오더라도 모두가 공감하고 후회하지 않기 때문입니다.

헨델의 음악이 우리 영혼을 어루만져 주는 이유는 무엇일까요? 그것은 음과 음 사이에 삶의 과정을 되돌아볼 수 있는 쉼표, 즉 기업가정신이 있기 때문은 아닐까요?

#12

미술관 옆 브랜드 아이덴티티

『미술관 옆 동물원』이라는 아주 오래된 영화가 있습니다. 잔잔하고 사랑스런 내용만큼이나 독특한 제목이 인상적이었는데, 이 제목은 영화 속 춘희와 철수가 그려가는 시나리오이기도 합니다. "사랑이란 게 처음부터 풍덩 빠지는 것인 줄 알았지, 이렇게 서서히 물들어버릴 수 있는 것인지 몰랐어"라는 영화 속 대사처럼, 좋은 미술 작품은 우리 가슴을 서서히 물들게 합니다.

몇 해 전, 아들과 함께 한가람 미술관에서 열린 『블라디미르 쿠시』(Vladimir Kush) 전시회에 다녀온 적이 있습니다. 블라디미르 쿠시는 러시아 출생의 초현실주의 화가로 현재는 미국에서 작품 활동을 하고 있습니다. 제가 느낀 그의 작품은 한 마디로 '캔버스 위에 그린 시'라고 할 수 있습니다. 그만큼 은유(Metaphor)의 멋을 기발하게 표현했기 때문인데요, 자신의 아이덴티티를 아주 잘 표현한 화가 중 한 명인 것 같습니다.

미술사에 관한 책을 읽다 보면 한 시대를 풍미했던 다양한 화풍이 존재합니다.

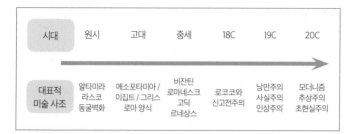

시대	원시	고대	중세	18C	19C	20C
대표적 미술 사조	알타미라 라스코 동굴벽화	메소포타미아 / 이집트 / 그리스 로마 양식	비잔틴 로마네스크 고딕 르네상스	로코코와 신고전주의	낭만주의 사실주의 인상주의	모더니즘 추상주의 초현실주의

시대별 미술사조

원시 시대의 동굴 벽화로부터 출발한 미술은 문화의 전성기라 불리는 르네상스 시대를 맞이하여 다빈치, 미켈란젤로, 라파엘로 등 위대한 예술가를 탄생시켰고, 이후 인상주의, 모더니즘, 추상주의 등 다양한 사조를 반영해왔습니다. 이러한 미술 사조는 각각 그 시대적 흐름과 사상을 내포하고 있으며 후대에 명성을 얻은 화가들은 그들만의 독특한 화풍을 만들었습니다. 덕분에 유명한 미술 작품을 보면 누구의 것인지 바로 알 수 있습니다. 그중에서도 아주 독특한 몇 분을 소개해보겠습니다.

중세 시대에 과일과 식물을 소재로 초상화를 그렸던 주세페 아르침볼드, 세상을 바꾼 위대한 네 개의 사과(이브의 사과, 뉴턴의 사과, 폴 세잔의 사과, 스티브 잡스의 사과) 중 하나를 창조한 폴 세잔, 추상 미술의 한 유파인 신조형주의(De Stijl 운동) 화가 피에트 몬드리안, 일명 '땡땡이 무늬'로 강박관념과 환영의 메시지를 전달하는 쿠사마 야요이, 산수화에 어머니와 아들을 절묘하게 형상화한 김재홍 그리고 앞에서 소개한 블라디미르 쿠시. 이들은 모두 작품 속에 자신의 아이덴티티를 담아 대중에게 각인시킨 화가들입니다.

그럼 잠시 그들의 작품을 감상해볼까요?

작품을 보면 누구인지 알 수 있는 독특한 화가들의 작품

주세페 아르침 볼드의 '인물화'

폴 세잔의 '사과'

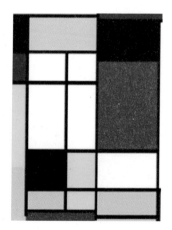

피에트 몬드리안의 '빨강, 파랑, 노랑의 구성'

쿠사마 야요이의 'Great Giant Pumpkin'

김재홍의 '모자상'(가로로 보면 기도하는 엄마와 아이의 모습이 잘 나타납니다.)

블라디미르 쿠시의 '작별의 키스'

이처럼 그 시대를 풍미했던 화가마다 고유한 화풍이 있듯이, 기업과 상품도 시대별 트렌드와 자신만을 나타내는 브랜드 아이덴티티 (Brand Identity)가 있습니다.

브랜드 아이덴티티는 기업(브랜드 관리자)이 창조하고 관리하는 독특한 연상 이미지의 집합체로써 고객에 대한 약속입니다 (David Aaker). 즉, 자신을 표현하기 위한 몇 가지 요소로 구성되

폴 세잔이 사과에 집착하게 된 사연이 있습니다. 학창 시절, 따돌림과 괴롭힘을 당했던 친구가 있었는데 그가 바로 『폭풍의 언덕』의 저자로 유명한 에밀 졸라였습니다. 폴 세잔이 항상 그를 도와주었는데, 이에 대한 고마움의 뜻으로 에밀 졸라는 종종 사과를 건네주었습니다. 이것이 훗날 폴 세잔의 그림에 영향을 미쳤다고 합니다.

몬드리안은 여성과 꽃 등 곡선을 주로 표현한 아르보 사조와 달리, 면과 선을 활용하여 추상의 세계를 그렸습니다. 학창 시절, 미술 교과서에 실린 몬드리안의 '빨강, 파랑, 노랑의 구성'이란 그림을 보고 한 번쯤은 '이건 나도 그리겠네(?)'라고 생각해봤을 겁니다. 사실 당시의 시대상을 알면 작품의 맥락을 어느 정도 이해할 수 있습니다. 1930년 대에는 사진이 막 대중화되던 시기이므로 화가들은 사진보다 어떤 대상을 더 사실적으로 그리는 것이 무의미해졌습니다. 그래서 사진으로는 표현할 수 없는 추상 미술이 대두되기 시작한 것입니다.

쿠사마 야요이는 어린 시절의 개인적 아픔을 작품 속에 표현했습니다. 그는 부모의 정신적, 육체적 학대로 인해 급기야 23세 때 정신질환 판정까지 받았습니다. 이후 뉴욕으로 건너가 미술활동을 하면서 대부분의 작품에서 땡땡이(물방울) 무늬를 선보였는데, 이는 학대로 인한 일종의 강박관념이 빚어낸 결과물이기도 합니다.

어 있는데, 속성과 기능, 가격 등의 제품(Product) / 브랜드를 의인화하여 사람의 성격으로 표현한 퍼스낼리티(Personality) / 조직의 문화나 가치체계의 산물로 바라보는 구조(Organization) / 로고나 디자인 등의 심벌(Symbol)입니다.

우리가 특정 브랜드에 대한 사용 경험 또는 광고를 보고 난 후, '아~ 저 브랜드는 다른 브랜드와 달리 OOO한 이미지야'라고 확실히 인식하게 되면 그 상품은 시장에서 인지도를 확실히 장악한 것입니다.

필자는 대학원 논문으로 '브랜드 퍼스낼리티가 이동통신서비스 구매 의사결정에 미치는 영향'이란 주제를 실증 분석을 통해 다룬 적이 있습니다. 지금은 모든 스마트폰 번호가 010으로 통일되었지만 당시만 해도 SKT는 스피드011, 신세기통신은 파워디지털017, KTF는 n016, LGT는 광PCS019, 한솔텔레콤은

브랜드 아이덴티티의 구성요소
데이비드 아커(David Aaker, 1996)의 『Building Strong Brands』 중에서

oneshot018 등 이동통신 서비스마다 각각 고유의 식별번호가 있어서 각 서비스의 아이덴티티가 지금보다 더욱 선명했습니다. 사업자마다 자신의 식별번호를 알리기 위해 막대한 자원을 투자하던 시기로, 이때 자신을 제대로 알리지 못한 사업자들(신세기통신 및 한솔텔레콤)은 역사의 뒤안길로 쓸쓸히 사라지는 운명을 맞이했습니다(물론 M&A 과정을 바탕으로 한 다른 관점과 배경도 있을 수 있습니다).

　나의 브랜드 아이덴티티는 무엇일까요? 내가 지인들에게 보여주고 싶은 아이덴티티와 지인들이 생각하는 이미지는 어떻게 다를까요? 그 차이를 메우기 위해 어떤 점을 보완해야 할까요?

> 내가 그의 이름을 불러준 것처럼 / 나의 이 빛깔과 향기에 알맞은 / 누가 나의 이름을 불러다오 / 그에게로 가서 나도 그의 꽃이 되고 싶다 / 우리들은 모두 무엇이 되고 싶다 / 나는 너에게 너는 나에게 / 잊혀지지 않는 하나의 의미가 되고 싶다. 김춘수의 시, '꽃' 중에서

#13
여행에서 느낀
알쓸신상

(알아두면 쓸 데 있는 신기한 상품 단상)

멀게는 해외, 가깝게는 국내 산과 바다… 가고 오는 길이 다소 고통스럽긴 하지만 여행은 늘 우리들 마음을 설레게 합니다.

노동자의 유급휴가 제도는 1936년 프랑스 국회에서 최초로 법제화되어 시행된 것으로, 그 이전에는 귀족만의 전유물이었다고 하니 우리가 현재 누리는 휴가의 역사는 그리 오래지 않은 듯합니다. 잠시, 제가 경험한 휴가를 공유해드리겠습니다.

아래 웹사이트는 어떤 곳일까요?

멋진 놀이공원 같지 않나요? 네~ 많은 분들께서 그렇게 생각하십니다. 그런데 놀랍게도 이 사이트는 영동고속도로에 있

는 덕평자연휴게소의 홈페이지입니다. 이미 들러보신 분도 많을 것 같습니다. 저는 새롭고 깨끗한 경험 때문에 약간 돌아가더라도 일부러 덕평자연휴게소를 방문하는 편입니다.

고속도로 휴게소, 하면 무엇이 제일 먼저 떠오르나요? 아마도 호두과자, 호떡, 붕어빵, 떡볶이 등 맛난 먹거리가 생각날 겁니다. 그리고 약간은 지저분한 화장실…

고속도로 휴게소의 먹거리 가게들은 대부분 부스가 오픈되어 있어 냄새를 잘 맡을 수 있습니다. 그러한 향이 우리로 하여금 여행과 맛의 추억을 더 자극하는 것이 아닐까 싶습니다. 프루스트(M. Proust)의 『잃어버린 시간을 찾아서』에는 주인공이 홍차에 적신 마들렌의 향을 맡으며 회상하는 장면이 나옵니다. 이는 인간의 오감 중 후각이 기억을 담당하는 뇌의 특정 영역과 직접 연결되어 있기 때문이라는 과학적인 설명이 가능합니다. 따라서 휴게소와 먹거리의 연상은 어찌 보면 후각에 기인한다고 할 수 있습니다.

프루스트 효과

프랑스의 대문호 마르셀 프루스트(Marcel Proust)의 소설 『잃어버린 시간을 찾아서』에서 유래한 것으로, 특정 향을 통해 과거를 회상하는 것을 말합니다. 2001년 미국 모넬화학감각센터 헤르츠(Rachel Herz) 박사의 실험에 의해 입증되었습니다.

피실험자들에게 사진만 보여준 그룹과 사진과 함께 특정 향을 맡게 한 그룹으로 나누어 비교한 결과, 전자보다 후자가 과거의 일을 훨씬 더 잘 기억해낸다는 사실이 밝혀졌습니다.

이제, 안 가본 사람은 있어도 한 번만 가본 사람은 없다는 그곳, 덕평자연휴게소의 새로운 경험을 소개해드릴까 합니다. 이 휴게소에서는 마치 게임처럼 아래의 모든 기능이 가능합니다.

나도 슈팅스타. 열심히 드리블(?)하면 골을 넣을 수 있답니다.

나도 슈팅스타(Sports Zone)

마케팅 한다더니
인문학이 왜 나와?

행운을 잡아라(Casino Zone)

Casino Zone. 잘 집중하면 세 개의 모양을 동일하게 맞출 수도 있습니다.

심지어, 다자간 게임도 가능합니다. 소변기에 센서를 부착하여 볼일을 보러 온 선수(?)들의 힘의 세기(?)를 측정한 후 디스플레이를 통해 승자를 가려줍니다. 추석이나 설 같은 명절, 참가자들이 자신의 점수를 인증샷으로 찍어 페이스북에 올리면 그중 최고점자에게 무려 100만 원 상당의 여행상품권을 지급하는 프로모션도 진행했습니다.

강한 남자 찾기(Game Zone)

재미있는 화장실 게임 이외에 쇼핑몰과 정원은 기본. 연인과 가족들이 거닐 수 있는 여러 곳의 산책코스와 반려동물 전용 공원 및 애견 카페, 러브 벤치, 아트 쓰레기통 등 기발한 아이디어를 통해 고속도로 정체에 지친 우리들의 마음을 즐겁게 해 줍니다.

일반 기업도 아니고 고속도로 휴게소가 이 정도까지 노력하는 걸 보면 참 대단하지 않은가요? 더욱 놀라운 것은 이러한 컨텐츠나 이벤트가 단발성에 그치는 것이 아니라 끊임없이 변화한다는 점입니다. 다음은 또 어떤 색다른 즐거움을 줄까 기대해보며, 향후 여행 플랫폼으로 진화하면 어떨까 하는

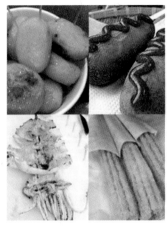

먹으러 가는 휴게소   놀러가는 휴게소

생각도 살짝 해봅니다.

이쯤 되면, 고속도로 휴게소는 두 종류로 구분할 수 있을 것 같습니다. 먹으러 가는 휴게소와 놀러가는 휴게소로 말입니다.

덕평자연휴게소의 즐거움을 간직한 채, 전주한옥마을로 향했습니다. 도착하자마자 처음 본 풍경은 한옥의 미를 영원히 간직하고자 하는 방문객들의 분주한 촬영 모습이었습니다. 순간 비욘세 콘서트에서의 일화가 생각났습니다. 비욘세는 팬들에게 같이 노래할 수 있는 기회를 주곤 합니다. 우리나라에서 한창 유행했던 판듀 프로그램처럼 말이죠. 언젠가 콘서트에서 열렬한 팬 중 한 명에게 기회를 주었는데, 그 팬이 비욘세와 함께 노래하는 모습의 인증샷을 찍다가 자꾸 가사를 잊어버리는 것이었습니다. 그러자 비욘세는 다음과 같이 말했습니다. "당신은 지금 촬영하느라 바쁘군요. 당신이 그토록 함께 노래하고 싶었던 내가 바로 눈앞에 있는데 말이죠."

꼭 오고 싶었던 아름다운 여행지! 그러나 막상 도착한 뒤에는 인증샷 찍기에 바빠서 우리 앞에 마주한 진짜 모습을 느끼지 못하는 것은 아닐까요? 스마트폰에 남긴 인증샷보다 가슴에 남긴 인증샷이 더 중요하듯, 때론 상품도 형식에 얽매이다 보면 본질을 놓칠 수 있습니다.

이전 방문에서는 한옥의 내부가 먼저 보였던 반면 이번에는 한옥과 어우러진 외부가 먼저 눈에 들어왔습니다. 특히, 한옥의 처마 끝이 멀리 보이는 산자락과 어우러져 마치 지붕에 산자락을 살포시 얹어놓기라도 한 듯한 조화에 감동했습니다.

이렇듯 처음 방문하는 장소라도 새로운 시각으로 보지 못하면 진부하고, 여러 번 방문한 장소라도 새로운 시각으로 바라보면 그곳은 늘 새로운 곳이 됩니다. 상품도 마찬가지입니다. 우리가 고객에게 새로운 시각으로 볼 수 있는 눈(인식)을 제공하지 못하면 제아무리 새롭고 좋

처마 곡선의 숨겨진 의미

우리나라 처마의 곡선은 안으로 살짝 휘어진 3차원 곡선에 양끝 추녀가 위로 치켜 올라간 독특한 구조로 되어 있는데, 여기에는 미학적인 의미 외에도 과학적인 지혜가 숨겨져 있답니다.

처마의 각도는 약 30도를 유지하는데, 그 이유는 계절에 따른 태양의 고도 변화에 대응하기 위해서입니다. 즉 태양이 높이 뜨는 여름에는 처마가 햇빛을 가릴 수 있고 겨울에는 낮게 뜨는 태양의 빛이 오래 들어올 수 있도록 처마 끝을 살짝 들어올려 놓은 것입니다.

은 상품을 만들어도 고객들은 기존의 수많은 상품과 전혀 다를 게 없는 그저 그런 상품으로 인식할 것입니다.

"진정 무엇인가를 발견하는 여행은 새로운 풍경을 바라보는 것이 아니라 새로운 눈을 가지는 데 있다."

- 마르셀 프루스트(Marcel Proust)

#14

영화로 보는
상품전략

해마다 여름이면 블록버스터 영화들이 줄이어 개봉되는데요, 세계에서 영화를 제일 많이 보는 나라는 어디일까요? 영화진흥원에 의하면, 아이슬란드가 1위이고 우리나라가 그 뒤를 잇는다고 합니다(2016년 기준). 이렇다 보니 『아이언맨』, 『어벤저스』와 같은 해외 대작들이 우리나라에서 종종 선개봉되기도 합니다. 비공식 집계로는 인도가 압도적인 1위라는 의견도 있습니다. 왜냐하면 인도는 영화 관람을 즐기는 국민 성향과 유료로 집계되지 않는 관람객 수가 엄청 많기 때문입니다. 특히, 주말이면 마을 주민들이 공터에 모여 영사기를 통해 영화를 본다

*마케팅 한다더니
인문학이 왜 나와?

고 합니다. 아마 경제적 부담과 턱없이 부족한 극장 때문인 것

으로 보입니다(인도 인구 100만 명당 스크린 수 7개, 2014년 UNESCO).

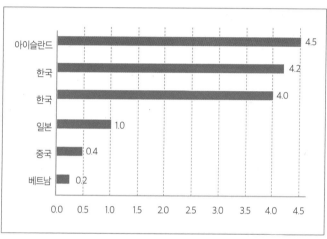

국민 1인당 연간 영화 관람 횟수(단위:회수. 영화진흥원, 2016년)

세계에서 영화를 가장 많이 제작하는 나라는 어디일까요?

혹시 할리우드를 연상하여 미국으로 생각하셨나요? 정답은 볼리우드(봄베

이+할리우드의 합성어)의 인도입니다.

인도에서는 1년에 무려 900~1,000여 편의 영화가 만들어진다고 합니다. 반

면, 미국은 연간 300~400여 편 정도입니다.

그렇다면, 만약 여러분들이 영화를 만들어 해외시장에 진출하고자 한다면 어떤 시장을 우선 타깃으로 해야 할까요?

이를 STP전략에 근거해 분석해보겠습니다. STP란 Segmentation과 Targeting, Positioning의 첫 알파벳을 따서 만든 마케팅 용어로 Go to Market(Product, Price, Place, Promotion의 4P 믹스 전략)을 위해 시장을 나누고, 세분화된 시장에서 먼저 공략해야 할 목표시장을 선정한 후 그 시장에서 어떤 상품 컨셉으로 커뮤니케이션할 것인지를 정의하는 일련의 마케팅 활동을 의미합니다.

시장을 나누기 위해서는 먼저 세분화 변수를 정의해야 합니다. 예를 들어 성별, 연령, 직업, 소득 같은 인구 통계 변수, 혁신에 대한 수용도, 라이프 스타일, FRM(Frequency, Recency, Monetary: 주로 유통업에서 많이 사용) 변수, 만족 / 불만족, 용도와 같은 고객 니즈(Customer Needs) 변수를 고려하여 상황에 맞는 시장으로 나누되, 각각의 세분 시장은 **적정한 시장규모, 측정 가능성, 접근 가능성, 반응의 차이**라는 네 가지 정도의 조건을 충족해야 합니다. 특히 반응의 차이는 동일한 마케팅 자극에 대한 세분 시장 간 차이를 분석하는 것으로, 해당 시장이 얼마나 이질적인지 알아보는 것입니다.

이렇게 시장을 세분화한 뒤에 주로 공략할 목표시장을 선정해야 합니다. 목표시장은 다시 **시장 매력도**(규모, 성장성, 수익성, 지속성, 안정성)와 경쟁력 차원에서 검토해야 합니다.

그럼, 인도 시장은 어떨까요? 앞에서 언급한 기준에 따르면 인도가 전체 시장 규모는 커 보일지 모르나 실제 유료 관람객 수가 적고 그 시장만의 독특한 문화(우리가 보기에는 다소 뜬금없는 가무가 영화의 필수요소입니다. 심지어 극장에서 영화 관람 중 댄스 장면이 나오면 관객들이 모두 일어나 춤을 춘다고 합니다)를 맞추기 어렵기 때문에 부적합한 것으로 판단할 수 있습니다.

다음은 포지셔닝(Positioning)입니다. 상품 컨셉을 영화 포스터로 매우 단순화하여 가정하고 얘기해보겠습니다. 혹시 동일 영화의 해외용 포스터를 보신 적이 있나요?

왼쪽과 오른쪽 포스터를 비교해보면 어떤가요? 기본적으로 국내용 포스터는 유명 배우를 강조한 인물 중심이고, 해외용 포스터는 영화를 잘 표현할 수 있는 컨셉 중심이라는 점이 다릅니다. 또한 『박쥐』처럼 선정성 기준에 대한 문화적 차이 때문에 국내 심의에서 통과되지 못할 경우 왼쪽의 포스터처럼 상품의 컨셉이 모호해지기도 합니다. 만약 영화의 컨셉을 엘리베이터 피치(elevator pitch: 엘리베이터에서 중요한 사람을 대상으로 상품 / 서비스의 가치에 대해 3분 이내의 매우 짧은 시간에 효과적으로 전달하는 것)로 표

국내용과 해외용 영화 포스터 사례(한국영상자료원 블로그)

컨셉과 아이덴티티, 이미지는 서로 어떻게 다른 건가요?

우리는 종종 컨셉, 아이덴티티, 이미지라는 용어를 혼동해서 사용하는데요,
각각의 올바른 의미를 간결하게 정의하면 다음과 같습니다.

컨셉(Concept): 경쟁사의 상품 / 서비스 대비 차별적 우위
아이덴티티(Identity): 기업이 소비자에게 의도적으로 전달하고 싶은 상
품 / 서비스의 모습
이미지(Image): 상품 / 서비스로부터 연상되는 소비자 인식

아이덴티티와 이미지는 항상 일치하지는 않습니다. 왜냐하면 의도한 메시지
를 정확히 전달해야 하는데 IMC(Integrated Marketing Communication)
활동 과정에서 왜곡이 발생할 수도 있고 소비자가 인지 과정상 다르게 받아
들일 수도 있기 때문입니다. 『곡성』처럼 열린 결말의 영화를 보고 난 후 관객
마다 해석이 다양하고 의견이 분분했던 것을 생각하시면 됩니다.

현한다면 해외용 포스터가 단연 더 잘 전달되겠죠?

상품의 바람직한 컨셉 및 아이덴티티를 정의하기 위해 흔히 사용
하는 기법은 포지셔닝 맵(Positioning Map)입니다.
포지셔닝 맵이란 소비자의 마음속에 자리잡은 시장 내 플레이어
(player)들의 상품 또는 서비스를 2차원(또는 3차원) 공간에 표시한 것으

로, 지각도(Perceptual Map)라 부르기도 합니다. 포지셔닝 맵을 그릴 때 가장 중요한 것은 각 축에 대한 기준의 선정입니다. 각 기준은 세 가지 조건을 충족해야 하는데, 1)경쟁사 대비 자사 상품의 차별적 우위를 표현할 수 있어야 하고 2)고객의 KBF(Key Buying Factor)여야 하며 3)유의미한 시장 규모를 가지고 있어야 합니다.

다만 자사의 상품이 '지향하고자 하는 모습'인데 반해 경쟁사의 상품은 '현재의 모습'으로만 가정할 경우 비교 시점의 문제가 발생할 수 있습니다. 하지만 선발 사업자의 특성상 이미 포지셔닝된 상품의 차별적 우위는 단기에 쉽게 바뀌지 않기 때문에 마케팅 역량이 뛰어난 P&G, 3M, 유니레버(Unilever), 존슨앤존슨(Johnson & Johnson), LG생활건강 등 유수의 다국적 기업들에서도 현재까지 많이 사용하고 있는 툴입니다.

일반적으로 포지셔닝 맵은 다음의 몇 가지 유용성을 가지고 있습니다. 1)현재 우리 상품이 시장에서 어떻게 인식되고 있는지 파악할 수 있고, 2)자사의 상품에 대한 소비자 인식이 경쟁 상품에 대한 소비자 인식과 얼마나 다른지 확인이 가능하며, 3)경쟁사가 깃발을 꽂지 않은 새로운 시장을 발견할 수 있습니다. 특히 세 번째는 후발 사업자일수록 그 의미가 더 큽니다.

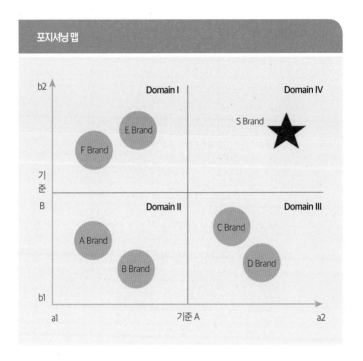

포지셔닝 맵

그렇다면, 차별적 우위가 잘 나타난 영화는 무엇이 있을까요?『반지의 제왕』은 어떤가요? 일반적으로는 '절대반지'를 얻기 위해 온갖 위험과 고난을 겪게 되는데 이 영화는 먼저 '절대반지'를 얻은 다음 오히려 그것을 버리기 위해 엄청난 여정을 떠나게됩니다. 통념상 얻는 것이 어려운데 이 영화는 버리는 것이 무지무지 어려운 것으로 그려집니다.

『슈렉』은 또 어떤가요? 우리가 알고 있는 왕자와 공주가 나오는 어린이 애니메이션들 가운데 아마도 가장 차별화된 영화가 아닐까 싶습니다. 왜냐하면 그전까지 우리에게 아주 익숙한 것, 즉 포지셔닝 맵의 두 축인 '계급과 외적인 미'라는 기준을 여지없이 깨버리고 새로운 축에서 자리매김한 영화이기 때문입니다.

이러한 반전 영화들은 대부분 우리에게 익숙한 기준점을 새롭게 정의하여 성공했습니다.

경쟁 상품 대비 차별적 우위는 어떻게 만들어낼 수 있을까요? 1,000만 관객의 영화 『왕의 남자』의 이준익 감독은 "어떤 사람이 훌륭한 예술가인가?"라는 질문에 "지금 내가 서 있는 이 자리에서 가장 멀리 달아난 사람"이라고 대답했습니다. 정말 멋진 답변 아닌가요? 여기 그런 영화 감독을 한 분 소개해 드립니다.

지난 2015년 개봉한 『매드 맥스』(분노의 도로)라는 영화의 전율을 기억하실 겁니다. 호주 출신의 조지 밀러(George Miller) 감독인데요, 그는 원래 외과의사였습니다. 그런데 갑자기 의사를 그만두고 1979년부터 『매드 맥스』 시리즈를 만들기 시작했습니다. 더욱이 『매드 맥스』(분노의 도로)라는, 극도의 정신 없는(?) 이 영화를 만들 당시 나이가 무려 70세였으니 이 또한 자기 자리에서 꽤 멀리 달아난 셈이죠. 흔히 '노년기' 감독이라면 인생을 회고하고 성찰하면서 정적이고 잔잔한 영화를 만들어야 할 것 같은데 말입니다.

한편 그는 『해피 피트』(2006년)라는 아주 귀여운 가족 애니메이션을 만들면서 또 다시 멀리 가기를 했습니다.

물론 우리도 그를 따라 무작정 멀리 가기(?)를 해야 한다는 의미는 아닙니다. 하지만 우리가 고민하는 상품은 최소한 경쟁자들의 그것으로부터 얼마나 멀리 떨어져 있는지 헤아려봐야 하지 않을까요? 아울러 그동안 우리는 현재의 자리에서 얼마만큼 '멀리가기'를 해보았을까요?

영화 『관상』에서 내경 역을 맡은 배우 송강호 씨의 인상 깊은 대사가 떠오릅니다.

"난 사람의 얼굴을 보았을 뿐 시대의 모습을 보지 못했소. 시시각각 변하는 파도만 쳐다본 격이지. 바람을 보아야 하는데…. 파도를 만드는 건 바람인데 말이오".

파도를 만드는 것이 바람이듯, 좋은 상품을 만들기 위해서는 고객들의 집합체인 시장을 꿰뚫어봐야 합니다.

#15
방탄소년단(BTS)에게 배우는
GTM(Go To Market) 전략

앞에서 고전음악가 헨델을 다루었습니다. 이번에는 요즘 가장 핫한 뮤지션에 대한 이야기를 나누고자 합니다.

네덜란드의 문화사학자 요한 호이징아는 그의 저서 『호모 루덴스』를 통해 '놀이하는 인간'을 역설한 바 있습니다. 중국의 역사서 『동이열전』에는 우리 선조들을 놀기 좋아하는 민족이라고 소개한 바 있습니다. 요즘 세계적으로 참 잘 노는 아이돌 그룹이 있다면 단연 BTS(방탄 소년단)일 것입니다. BTS가 어떻게 명성을 얻었고 세계 시장에서 성공하고 있는지 살펴보고, 이를 바탕으로 기업의 GTM 전략을 다뤄보겠습니다.

Member: 7명(RM, 슈가, 진, 제이홉, 지민, 뷔, 정국)

데뷔: 2013년

컨셉: 보는 음악과 내면의 이야기를 들려주는 뮤지션

목표: 스스로 부끄럼 없는 완성도 추구

주요 성과:

◆ Billboard Music Awards Top Social Artist 수상(2017년)

◆ Music Video, Youtube 세계 최초 100억 뷰 돌파(2018년)

◆ 라디오 디즈니 Music Awards 4개 부문 수상(2018년)

◆ 3집 앨범, Billboard HOT 200 1위(2018년)

◆ UN 총회 연설(2018년) 및 세계 투어

◆ AMAs(America Music Awards) Favorite Social Artist(2018년)

◆ 글을 쓰고 있는 이 시간 이후에도 그들은 계속 진화할 것입니다.

1970~80년대, 뉴 키즈 온더 블록(New Kids On The Block), 듀란 듀란(Duran Duran) 등 폭발적 인기를 누리던 해외 아이돌 그룹이 있었습니다. 당시의 삼성전자가 지금과 같은 월드 클래스 기업이 될지 미처 몰랐던 것처럼 케이팝 아이돌 그룹이 전 세계를 무대로 활약하리라고는 누구도 예상하지 못했을 것입니다. 그럼 BTS는 어떻게 글로벌 시장에서 성공할 수 있었을까요? (BTS를 엔터테인먼트 기업의 서비스로 간주하여 분석)

첫째, 그들의 노래에 담긴 메시지입니다. 많은 아이돌 그룹이 어른들에 의해 쓰여진 남의 이야기를 전달하기 급급한 반면 BTS는 자신들의 이야기를 전하고자 노력했습니다. 그러다 보니 동시대를 살아가는 또래들로부터 성장, 역경과 극복, 사회문제 등 강한 공감을 얻을 수 있었습니다. 과거를 살펴보면, 이미 우리에게는 기존 패러다임을 바꾼 뮤지션으로 '서태지와 아이들'이 있었습니다. 어쩌면 그들이 불렀던 '교실 이데아' '발해를 꿈꾸며' '지킬박사와 하이드' 등의 음악이 현재 BTS에게 선의와 철학을 심어주지 않았나 생각합니다.

둘째, BTS의 컨셉에 주목할 필요가 있습니다. 듣는 음악이 아닌 '보는 음악'입니다. 물론 이전에도 뮤직비디오의 역할이 중요했지만 여전히 '노래'는 듣는 음악이었습니다. 대다수 음악 전문가들은 영화는 자막이 있으니 해외시장에서도 좋은 성과를 낼 수 있었으나 음악은 듣는 예술이기 때문에 해외시장에서 성공하기 어렵다고 주장했습니다. 일견, 설득력이 있지만 듣는 음악이 아닌 보는 음악이라면 달라집니다.

BTS 기획자는 칼군무는 물론 뮤직비디오에 엄청난 공을 들였습니다. **춤이라는 시각을 통해 음악을 듣고, 그 음악을 다시 종합예술인 뮤직비디오로 재현한 것입니다.** BTS의 뮤직비디오는 대부분 룸펜스(일명 '국회의사당에 숨겨진 로봇 태권브이'로 유명한 비주얼 아티스트)의 작품입니다. 특히 '봄날'이란 뮤직 비디오에는 '오멜라스'(Omelas)라고 쓰여진 간판이 나옵니다. BTS는 오멜라스를 통해 세상의 불편한 진실과 행복에 대한 물음을 던지며 기성세대들의 모순된 삶과 치부를 우회적으로 비판하고자 했습니다. 이렇듯, BTS의 컨셉은 '보는 음악'에서 나아가 '보고 생각하는 음악'을 지향하고 있습니다.

The Ones Who Walk Away from Omelas

'봄날'의 뮤비는 SF 작가, 어슐러 르 귄(Ursula Le Guin)의 작품 『오멜라스를 떠나는 사람들』(1973년)을 모티브로 만들어졌습니다. 겉으로는 유토피아처럼 보이는 오멜라스에는 공공연한 비밀이 있는데, 그것은 바로 지하에 갇혀 고통받는 아이들의 존재입니다. 하지만 오멜라스 사람들이 이 아이를 바깥 세상으로 데리고 나오면 그들이 누려왔던 모든 행복이 사라진다는 딜레마에 빠지게 됩니다. 소수의 고통과 희생을 담보로 행복할 수 있는 권리, 이 세상에는 불편한 진실을 모른 체하는 대가로 주어지는 행복이 있고 그것이 과연 정당한 것인지를 말하고 있는 소설입니다.

BTS 뮤직 비디오 "봄날" 중에서

셋째, 타깃 고객(10대~20대)의 특성에 맞게 소셜 미디어를 적극 활용했습니다.

현대는 누구도 부정할 수 없는 초연결시대입니다. BTS는 소위 디지털 네이티브(Digital Native)라 불리는 세대들의 소비 프로세스를 아주 잘 이해하고 활용했습니다. 디지털 네이티브는 SNS를 통해 실시간으로 신곡을 접하고 리뷰·댓글·리액션 영상 공유를 통해 팬 이상의 능동적 조력자가 되었습니다. 특히 리액션 영상은 BTS의 ARMY라 불리는 막강한 팬들이 소비자뿐 아니라 생산자로서의 발판을 마련해주는 계기가 되었습니다. 결과적으로 그들은 아주 강력하고 똑똑한 팬들을 갖게 된 셈입니다. 빅

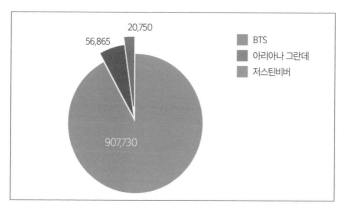

2017년 11월 기준, 링크브릭스(Linkbricks)의 조사 결과에 나타난 인스타그램 언급량(횟수)

데이터 분석 전문기업인 링크브릭스(Linkbricks)의 인스타그램 언급량 조사에 따르면, BTS는 월드스타 저스틴 비버와 아리아나 그란데를 제치고 무려 60주 동안 압도적인 수치로 부동의 1위를 유지했습니다.

넷째, 일반적인 시장 접근 방식[Market-Approach]에 따르면 신시장과 신제품의 매칭인 다각화 전략(Diversification)은 높은 리스크를 감수해야 합니다. 그러나 BTS는 그러한 위험을 감수하고 손쉬운 국내 시장이나 캡티브 마켓(Captive Market)보다 해외 시장을 먼저 공략했습니다. 쉬운 것부터 시작해서 기존 시장에 몰입하다 그것에 너무 안성맞춤이 되면서 어느 순간 더 이상의 확장이 어려워지는 관성을

Ansoff Matrix

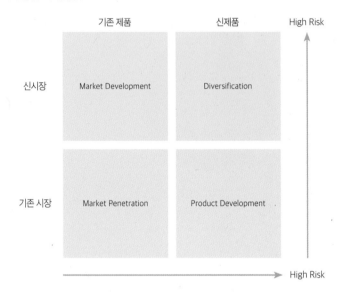

되돌아보게 하는, 참으로 과감한 발상입니다.

　다섯째, 그들은 딥러닝(Deep-Learing) 아이돌 그룹이라는 점입니다. 대부분의 기존 아이돌 그룹이 기획사의 정형화된 시스템에 의해 육성된 것과 달리, BTS는 마치 딥러닝처럼 스스로 학습하고 성장하는 가치에 맞추어져 있습니다. 예를 들어, 대부분의 아이돌 그룹이 연애, SNS 활동 등 사적인 영역까지 통제받는 반면 BTS는 거의 간섭을 받지 않습니다. 오히려 시, 영상, 그림, 일기 등 다양한 사적 영역을 소통의 예술로 승화시켜 팬들과 만납니다. 이는 교육심

*마케팅 한다더니
인문학이 왜 나와?

리학 분야의 동기부여 이론 중, 선생님이 아이들의 사고나 활동을 간섭할 경우 아이들은 아무리 좋아하는 일이라도 금세 흥미를 잃거나 홀로 있는 동안 그것을 아예 중단할 확률이 높다는 실험 결과와 일맥상통합니다.

BTS는 2차 산업혁명 시대에서 비롯된 컨베이어 벨트에 의해 생산되는 아이돌 그룹이 아니라 스스로 진화하는 4차 산업혁명 시대의 아이돌 그룹입니다. 그렇기에 그들 스스로 최신 EDM(Electronic Dance Music)이나 뭄바톤 트랩(하우스 음악+레게 음악) 등 늘 새로운 도전을 즐기고 있으며 이를 통해 고객들에게 탈언어적이고 직관적이며 복합적인 종합예술을 보여 줄 수 있었습니다.

BTS는 데뷔 초기 다음과 같은 조롱을 받았다고 합니다.

> 방탄소년단이란 이름에서 알 수 있듯이 그들은 총알받이가 될 것이다!
> 빅히트라는 회사는 너무 작다는 동정을 받았다!
> 소속사 대표이자 작곡가인 방시혁은 발라드 작곡가잖아!
> 아이돌 그룹이 무슨 힙합이야!

BTS는 하루아침에 월드 스타가 된 것이 아닙니다. BTS가 'Behind the Scene'의 약어인 것처럼, 또 그들이 부른 '피땀 눈물'의 노래 제목처럼, 그들은 무대 뒤에서 엄청난 '피땀 눈물'을 흘렸음에 틀림 없습니다. 하지만 위에서 언급한 그들의 명확하고 과감한 Go to Market 전략이 없었다면 그들의 피 땀 눈물은 어쩌면 공허한 노력으로 끝났을지 모릅니다.

"돌아갈 수 없다면 직진! 부딪힐 것 같으면 더 세게 밟아 인마!"

그들의 노래 가사대로, 시장은 존재하는 것이 아니라 만드는 것이었습니다.

#16
뷰티 인사이드: 진정한 미(美)는 어디로부터 나오는가?

혹시 『뷰티 인사이드』라는 영화를 보셨나요?

한효주가 주연을 맡았던 영화로, 인간 내면의 아름다움을 다룬 영화입니다.

"사랑해~. 오늘 당신이 어떤 모습이든, 내가 사랑하는 건 이 안에 있는 너니까."

"같이 갔던 식당, 같이 먹었던 반찬까지 기억나는데 그 사람 얼굴이 기억나지 않아."

- 영화 『뷰티 인사이드』의 대사 중에서…

영화를 못 보신 분들을 위해 잠깐 소개해드리면, 잘생긴 남자는 물론 못생긴 남자, 여자, 아이, 노인… 자고 일어나면 매일 다른 모습으로 변하는 한 남자(우진)의 사랑이야기를 다룬 영화입니다.

그런데 사실 이 영화의 원조가 따로 있었다는 걸 알고 있는

인텔과 도시바가 공동 기획한 마케팅 캠페인 'The Beauty Inside'
(https://www.youtube.com/watch?v=ETzxRhlOUTo&feature=youtu.be)

사람은 그리 많지 않습니다. 심지어 그 원작은 소설이나 외국의 영화가 아니라 **인텔과 도시바가 함께 만든 'The Beauty Inside'라는 마케팅 캠페인입니다.**

마케팅 캠페인의 내용은 대략 이렇습니다. 페이스북 오디션을 통해 선발된 일반인(영상 다이어리를 제작하여 페이스북에 업로드한 일반인들 중 '좋아요'를 많이 얻은 100명)을 주인공(Alex)으로 만들어 소셜 필름을 제작해주는 방식입니다. 이 캠페인 웹사이트에는 매주 여섯 개의 에피소드가 업데이트 되며 큰 호응을 얻었습니다(위의 유튜브 주소에서 확인 가능). 아울러 이 광고 캠페인은 2012년도에 칸국제광고제와 클리오국제광고제에서 각각 그랑프리와 금상을 수상한 바 있습니다.

그럼, 이 광고 캠페인이 전달하고자 했던 메시지는 무엇일까요? 영화에서처럼 매일 자고 일어나면 얼굴이 바뀌는 Alex(기존 고객 및 잠재 소비자)를 통해 겉으로는 보이지 않는(컴퓨터 내부에 장착된) 인텔 칩의 우수함을 자연스럽게 알리려 했던 것입니다. 우리가 현재 사용하고 있는 또는 예전에 사용했던 컴퓨터에는 대부분 인텔의 스티커가 붙어 있습니다. 그리고 컴퓨터를 부팅할 때마다 인텔의 멜로디를 들었던 기억이 있을 겁니다.

이처럼 인텔은 '인텔 인사이드'(intel inside)라는 슬로건과 캠페인을 지속적이고 일관되게 밀었습니다. 비록 그들은 부품을 만들지만 컴퓨터 안에는 반드시 인텔의 부품이 있어야 좋은 제품이라는 인식을 컴퓨터를 사용하는 최종 소비자들에게 각인시키고자 했던 것입니다. 인텔은 이러한 컨셉의 연장선상에서 매우 성공적인 '뷰티 인사이드' 캠페인을 만들어냈습니다. 광고전문기관인 BBDO(2003년)의 조사에 따르면, 뷰티 인사이드 캠페인 동안, 전 세계 2,700여 개의 PC제조업체(전체 PC시장의 약 90%)가 인텔 인사이드 로고를 사용했으며 인텔의 매출은 여섯 배, 순익은 두 배나 증가되었다고 합니다. 또한 B2B업체임에도 불구하고 최종 소비자 인지도는 무려 90%에 달합니다.

이제, 이쯤 되면 궁금한 점이 생기게 됩니다. 인텔 같은 B2B 회사는 왜 이렇게 많은 노력과 돈을 들여 마케팅 캠페인을 지

인텔, 브랜드 마케팅의 비하인드 더 스토리

인텔이 지금처럼 브랜드 마케팅을 활발히 하게 된 계기가 있습니다. 1989년, 인텔은 마이크로 프로세서 386SX(1990년대 PC를 다루었던 분이라면 386, 486이라는 용어가 익숙하실 겁니다)를 판매하기 위해 상표권을 주장했는데, 경쟁사들이 이를 저지하기 위해 법적 소송을 제기했습니다.

결국 법원은 386SX, 486SX를 상표권으로 인정하지 않았고 경쟁사들도 자유롭게 사용할 수 있게 했습니다. 이 사건으로 인해 인텔은 그들만이 사용할 수 있는 고유의 브랜드에 관심을 갖게 되었고 B2B기업의 상표인 Dolby*, Teflon** 사례 등을 연구하며 마침내 1991년 '인텔 인사이드'라는 브랜드를 탄생시켰습니다. **마케팅에서는 인텔 인사이드처럼 B2B 기업들이 상품의 원료나 성분으로 어필하는 것을 일컬어 '성분 브랜딩'(Ingredient Banding)이라고 부릅니다.** 우리가 잘 아는 고어텍스(Goretex), 라이크라(Lycra) 등의 의류 소재 브랜드도 여기에 해당됩니다.

*Dolby: 돌비사에서 만든 잡음 감소 및 멀티 채널 스테레오 상표로 영화관에서 쉽게 접할 수 있습니다.
*Teflon: 듀퐁(DuPont)사에서 개발한 먼지가 잘 붙지 않는 특수 섬유 상표로 컴퓨터와 전화 케이블 같은 절연 피복제와 프라이팬에 주로 사용되고 있으며 옷이나 광마우스에도 쓰입니다.

앞에서 설명해드린 인텔 인사이드 사례처럼 **징글 마케팅이란 고객이 특정한 소리나 멜로디만 들으면 조건반사적으로 해당 브랜드나 서비스를 연상할 수 있도록 만드는 청각적 광고기법입니다.** 2010년 기아자동차의 K5도 TV에 징글 광고를 내보냈는데요, 이 광고의 특정 소리는 모르스부호(Morse Code)로 '뚜우-뚜- 뚜우'는 'K'를, '뚜뚜뚜뚜뚜'는 '5'를 의미합니다. 필자처럼 군 복무중 통신 관련 일을 했던 사람들에게는 아주 인상적인 광고였습니다. 또한 SK텔레콤의 '띵띵 띠링 띵~' 소리라던지, 아주 오래되긴 했지만 항상 '띵~' 하는 종소리를 삽입했던 종근당의 광고는 우리나라의 대표적인 징글 마케팅 사례입니다. 종근당 광고는, 아주 어린 시절이었음에도 마지막 장면이 기억날 정도로 그 종소리가 꽤 강렬했나 봅니다.

K5 징글 런칭 광고 보기

https://www.youtube.com/watch?v=FGzM7E539XQ(Pre-launching Commercial)

https://www.youtube.com/watch?v=SeuntJLLd34 (Launching Commercial)

속적으로 벌이는 것일까요? 혹자는 이렇게 말하기도 합니다. "마케팅 캠페인이라는 것은 그저 아름답고 멋진 말을 만들어 고객에게 전달하는 B2C 기업에서나 필요한 것입니다." 실제 우리나라의 많은 B2B 기업들이 이렇게 생각하고 있습니다. 심지어 "B2B 기업의 마케팅 조직은 마케팅 활동을 제외한 모든 활동을 한다"라는 우스갯소리가 회자될 정도입니다.

하지만 경영학 분야의 구루인 필립 코틀러(Philip Kotler)는 그의 저서 『B2B 브랜드 매니지먼트』(Brand Management)를 통해 다음의 두 가지 이유로 B2C 기업 못지않게 B2B기업에서도 마케팅 커뮤니케이션과 PR(Public Relation) 활동이 중요하다고 역설했습니다.

첫째, 기업고객의 주요 구매 의사결정자(Decision Maker)**들에게 영향력을 미치기 때문입니다.**

몇 해 전 라우터, 허브 등 네트워크 장비의 최강자인 외국 기업(C사)의 글로벌 임원을 만난 적이 있었습니다. 당시는 아주 값싼 중국의 경쟁제품들이 시장에 진입하는 상황이었는데, C사는 큰 타격을 입지 않았습니다. 그분의 얘기에서 그 이유를 찾을 수 있었습니다. "사실 우리 제품과 경쟁사 제품의 차이는 미미할 수도 있지요. 그런데 왜 고객들이 훨씬 더 비싼 우리 제품을 사는지 아시나요? 그것은 바로 고객사의 구매의사결정자들이 일종의 리스크를 회피하기 위해서라고 할 수 있어요" 만일 네트워크 장비의 문제로 장애가 발생했을 때 C사의 제품을 사용하고 있었다면 구매담당자가 책임을 면할 수 있지만 인지도나 신뢰도가 낮은 제품을 구매하여 사용하다 문제가 생기면 결국 구매 담당자가 책임을 질 수 있기 때문이라는 것입니다. 이것이 바로 B2B 시장에서의 마케팅 커뮤니케이션의 힘입니다.

둘째, 기업 구성원들의 자긍심과 성취감을 고취시키고 신규사업 등 새로운 도전을 위한 효과적인 변화관리 때문입니다. IBM은 1990년대 중반 e-비즈니스로의 변화를 도모하기 위해 고객보다 직원들의 만족도를 높여야 한다고 생각했습니다. 그래서 고객에게 변화를 알리는 마케팅 캠페인(Magic you can trust, Brand Steward 등)과 더불어 그 변화의 주체인 내부 구성원을 위한 다양한 동기부여 프로그램을 병행함으로써 신규사업에 대한 기업 성과를 견인하였습니다. 자신의 상품과 기업의 이미지에 대한 마케팅 커뮤니케이션 활동은 결국 직원들의 자긍심과 책임감을 고취시키고, 고착되어 있던 기존 인식을 탈피함으로써 신성장 동력으로 작용하기 때문입니다.

오늘날 IBM이 e-비즈니스의 강자가 될 수 있었던 것은 기술력도 중요했지만 적극적인 마케팅 캠페인(브랜드 매니지먼트)을 통해 솔루션 사업자로 시장에 포지셔닝했기 때문입니다. 또한, 큰 조직일수록 공동의 목표를 내부적으로 공유하고 전파하기란 쉽지 않습니다. 아무리 좋은 비전과 공유가치를 만들어도 그것이 지속성을 갖지 못하거나, 일부 조직에만 적용되고 사장되는 안타까운 사례를 많이 보셨을 겁니다. 이 럴수록 마케팅 캠페인은 외부 고객이 아닌 내부 고객을 향한 가치의 공유로 아주 유용한 방법입니다.

일찌감치 보잉, 페덱스(FedEx), 제너럴일렉트릭(GE) 등 전통적인 글로벌 B2B 기업들은 B2C적 사고를 통해 브랜드 매니지먼트에 힘을 쏟아왔으며 더 나아가 그들 중 일부는 사업 모델을 B2C 형태로 확장하기도 했습니다. 대부분의 B2B 회사는 보이지 않는 영역(inside)에서 고객사를 지원하며 그들의 비즈니스 성과에 직간접적인 영향을 미치고 있습니다. 만약 여러분이 B2B 기업에 속해 있다면 B2C 마인드로 자신과 고객을 향한 마법의 주문을 걸어보면 어떨까요?

기업은 제품(서비스)을 팔지만, 고객은 브랜드를 산다. 이것은 개인 고객이 그렇듯이 기업 고객도 마찬가지다. - 필립 코틀러

Challenge: Get People to think about a product they can't see. - 인텔

#17
트랜스포머,
B2B 기업의 역습!

특정 목적이나 용도에 맞게 변신하는 영화 속 트랜스포머가 그렇듯 기업도 고객 니즈의 변화, 기술의 진화, 메가 트렌드에 따라 유연하게 변신할 수 있어야 지속 경영이 가능해집니다. 앞서 소개드린 후지필름(Fujifilm)이야말로 문 닫기 일보 직전의 패자 기업을 트랜스포메이션을 통해 역습에 성공한 아주 좋은 사례입니다.

이번에는 전통적인 B2B 기업이 B2C 기업의 사고와 사업 모델을 접목하여 성공한 사례들을 마케팅 커뮤니케이션 관점에서 다루어보겠습니다.

우선 페덱스(FedEx)가 그들의 기업고객과 어떻게 커뮤니케이션하고 있는지 살펴보겠습니다.

FedEx의 인쇄 광고

좌측에서 첫 번째는 아무리 멀리 떨어진 세계 어느 곳이라도 마치 옆집에서 전달하는 것처럼 편리하다는 점을, 두 번째는 DHL의 배송차가 쫓아오는 듯한 이미지를 통해 경쟁사보다 항상 빠르다는 점을, 세 번째는 배송원이 흙탕물을 뒤집어 쓸지언정 고객의 물건을 소중히 다룬다는 점을 소구한 페덱스의 커뮤니케이션입니다.

이외에도 인터넷을 검

페덱스는 전 세계 220여개 국가·지역의 기업과 기관들에 우편 및 화물을 보내는 B2B 운송 / 물류 기업으로 패밀리 브랜드(FedEx) 하위에 항공(FedEx Express), 자동차(FedEx Ground) 등 운송수단에 따라 몇 개의 하위 브랜드를 가지고 있습니다.

창립자 프레드릭 스미스는 대학 시절, 허브(Hub) 개념과 이를 통해 24시간 내 미국 전역에 화물을 보내는 방법에 대한 리포트를 제출했습니다. 그런데, 담당 교수로부터 서로 가까운 두 지점간 수하물을 보낼 때 멀리 있는 허브를 경유하는 것이 비효율적이라는 이유로 C학점을 받았다고 합니다. 하지만 이러한 허브 앤 스포크(Hub & Spoke) 방식은 오늘날 페덱스의 성공적인 비즈니스를 지탱해주는 근간이 되었습니다.

이후의 글에서도 언급되겠지만, 신상품과 신사업을 기획할 때 다수가 실패할 것이라고 믿거나 전문가가 회의적으로 생각하는 것일수록 오히려 그것을 뒤집으면 커다란 기회가 생깁니다.

허브 앤 스포크(Hub & Spoke) 방식

프레드릭 스미스가 어느 날 자전거 바퀴로부터 영감을 얻어 고안한 방식입니다. 바퀴살(Spoke)이 유레카가 되었던 셈이죠.

색해보면 재치있는 TV 광고들이 많이 있습니다. 그중 외계인을 등장시킨 "Why no use FedEx?"는 그들의 자부심을 나타낸 브랜드 마케팅입니다.

다음은 GE의 사례를 살펴보겠습니다(마케팅 커뮤니케이션 관점으로 한정).

GE의 전 회장인 잭 웰치(John Frances Welch Jr: 1981~2001년)가 혁신에 탁월한 경영의 달인이었다면, 그의 후임인 제프리 이멜트(Jeffrey Immelt: 2001~2017년) 회장은 디지털 전도사라 할 수 있습니다. 예를 들어 항공기 제트엔진의 경우, 이전에는 기계 자체의 성능에 집중한 반면 제프리 이멜트 회장은 엔진에 센서를 부착, 데이터 분석을 통해 운영을 최적화했습니다. 즉, 그들이 개발하고 생산하는 대부분의 산업용 기계에 이러한 개념을 적용하여 디지털화하고 서비스화했습니다. GE는 더 이상 굴뚝 제조 기업이 아니라 모든 기계를 인터넷으로 연결하여 똑똑하게 만들어 주는 소프트웨어 회사로 포지셔닝하고 싶었던 것입니다.

지능형 기계(Brilliant machines)로 디지털 트랜스포메이션(Digital Transformation)을 잘 어필한 몇몇 마케팅 캠페인을 소개합니다.

"Brilliant machines are transforming the way we work."

- GE Works.

GE hired agent Smith of 'The Matrix' for connected hospitals

매트릭스 영화의 악당, 스미스 요원 출연으로 다소 부정적 인식이 생길 수도

있겠지만, GE의 in-
novative software
이미지를 각인시키
는 데 효과적

https://www.youtube.com/watch?v=DJ7GxfpZ2Vg

The boy who beeps: "When you speak the language the industry, the
conversation change the world."

2014년 미 NFL(미국 미식축구 리그) 개막경기 중 공개된 TV 광고. 한 아이의 신

호(목소리)를 통해
세상을 바꾸는 산업
용 인터넷망(Indus-
trial Internet)으로
서의 GE를 알림.

https://www.youtube.com/watch?v=MG2cMVch48k

마케팅 한다더니
인문학이 왜 나와?

Robo-Band Concert: GE가 만든 로봇 밴드가 뉴욕의 타임스퀘어에서 공
연함으로써 지능형 기계 이미지로 포지셔닝.

https://www.youtube.com/watch?v=t4N4Yj7ONwk

이 외에도 아이의 상상력을 통해 기업의 친밀도를 높인
"Childlike Imagination: What My Mom Does at GE" 캠페인도
좋은 반응을 불러일으켰습니다(https://www.youtube.com/watch?v=Co
0qkWRqTdM).

그럼, 우리나라 기업은 어떤가요?

최근 SK이노베이션, 넥센타이어 등이 B2B 기업임에도 광고
를 통해 고객과 커뮤니케이션하는 노력을 하고 있습니다만, 이
것이 실질적인 기업 성과로 연결되기 위해서는 단발성 이벤트
가 아닌 IMC(Integrated Marketing Communication) 관점의 지속적이
고 일관된 커뮤니케이션이 필요해 보입니다.

넥센타이어의 경우, 제조업에서 탈피해 서비스업으로의 전환을 시도하고 있는데, 주로 자동차 제조사 또는 도매시장으로 납품하는 타이어를 마치 정수기나 비데 같은 렌탈 서비스를 통해 개인 고객에게 직접 판매하고 커뮤니케이션하고 있습니다. 그럼, 넥센타이어의 입장에서는 무엇이 좋아질까요? 고객의 페인 포인트(Pain-points)를 더 잘 알 수 있고, 숨겨진 고객 니즈를 찾아 새로운 사업 기회도 만들수 있습니다. 또 제품만 만들고 끝나는 일회성에서 탈피하여 서비스화(Serduct: Product+Service)를 통한 지속적인 고객 관계(Customer Relationship)를 구축할 수 있습니다.

앞서의 GE 사례처럼 고객과의 지속적 관계를 통한 서비스로의 트랜스포메이션이 빅데이터 시대를 맞는 B2B 기업의 생존전략이 될 수도 있습니다. 얼마 전, 인텔도 언론을 통해 더 이상 반도체 기업이 아닌 데이터 기업으로 포지셔닝하겠다고 선언한 바가 있습니다.

이제, 우리는 어떤 변신 로봇이 되어야 할까요? 그러한 변신 로봇이 되기 위해서는 어떤 노력을 기울여야 할까요? 그리고 변화된 우리를 어떻게 세상에 알리고 소통해야 할까요?

광고계에는 흔히 "3B를 활용하면 최소한 망하지는 않는다"라는 얘기가 있습니다. 3B란 소비자들에게 늘 호감의 대상이 되는 Beauty(미인), Baby(아기), Beast(동물)을 말합니다.

그런데 필자가 느낀 우리나라 기업과 선진 글로벌 기업의 커뮤니케이션 차이는 크게 두 가지입니다.

1) **은유(Metaphor)의 유무**: 우리나라 기업은 메시지를 전달하고자 할 때 직설적인 화법이 많은 반면, 미국 기업은 은유적이고 비유적인 표현을 많이 사용합니다. 제가 미국의 어느 산을 올랐을 때 마주한 푯말을 예로 들어 보겠습니다. 여러 분들은 어느 쪽 푯말이 더 마음에 드시나요?

  - 우리나라: 입산금지, 벌금 OOO원
  - 미국: 우리 집에 곰이 허락 없이 들어와 어지럽히는 것을 싫어하듯, 곰도 우리가 그들의 집을 어지럽히는 것을 싫어합니다.

2) **메시지의 지속성 vs 일회성**: 선진 글로벌 기업은 일회성 광고에 그치는 것이 아니라 다양한 이벤트와 결합하여 브랜드 컨셉과 아이덴티티를 꾸준히 일관되게 전달하는 반면, 우리 나라 기업들은 광고 자체의 인기에 그치는 단발성 이벤트가 많습니다. 이는 마케팅 전략 차원의 IMC(Integrated Marketing Communication) 관점이 부족하기 때문입니다.

1. 상품의 차별성이나 품질이 우수하다면 마케팅 커뮤니케이션은 필요 없다?

『칭찬은 고래도 춤추게 한다』라는 책을 기억하시나요? 원래 이 책의 제목은 '칭찬의 힘'이었다고 합니다. 그런데 원래의 제목으로 출간했을 때 판매부수가 2만 부도 채 안되었었는데, 우리가 지금 알고 있는 '칭찬은 고래도 춤추게 한다'라는 제목으로 바뀐 후 20만 부 이상 팔리는 베스트셀러가 되었다고 합니다. 그럼 책의 본질(내용)이 바뀌었을까요? 아닙니다. 이처럼 본질은 제대로 갖추어져 있다 해도 이것을 어떻게 알리느냐에 따라 시장에서의 성패가 좌우되기도 합니다.

물론 마케팅 4P 믹스(Mix) 중 가장 중요한 요소는 당연히 제품(Product)입니다. 상품의 본질이 제대로 되어 있지 않다면 아무리 좋은 커뮤니케이션을 하더라도 시장에서 성공할 수 없습니다. 다만, 아무리 좋은 상품도 그것을 알리는 노력을 제대로 하지 않으면 시장에서 사장되는 운명을 맞이할 수도 있습니다. 또한 모든 기업은 언젠가는 위기에 직면할 수 있는데, 엎질러진 실수에 대한 대응방식에 따라 그 결과도 사뭇 달라집니다. 이는 비단 기업뿐 아니라 정치인, 영화배우, 운동선수 등 유명인은 물론이고 모든 개인에게도 해당됩니다. 실제 해마다 유명인들이 잘못된 대응으로 그동안 쌓아올린 명성을 하루 아침에 잃어 버린 사례들은 수없이 많습니다. 이럴 때도 마케팅 커뮤니케이션(Reputation Marketing)은 매우 중요합니다.

("고객 인사이트는 연인의 속마음과 같다." – 맥도날드 지렁이 버거 사례)

2. 마케팅 캠페인을 하려면 큰 비용이 든다?

마케팅 커뮤니케이션을 위해 무조건 TV광고 같은 고비용 마케팅 활동을 해야 하는 것은 아닙니다. 요즘은 타깃 고객 대상의 BTL(Below the Line) 마케팅 환경이 잘 갖추어져 있기 때문에 저비용으로도 효과적인 마케팅 캠페인이 가능합니다.

3. 우리나라 B2B 기업들은 마케팅 커뮤케이션 활동이 필요없다?

태생적으로 우리나라 B2B 대기업들은 특수관계에 의한 캡티브(Cap-tive) 고객 대상의 영업에 익숙해져 있습니다. 즉, 마케팅 커뮤니케이션을 몰라도 영업이 가능했기 때문입니다. 하지만 캡티브(Captive) 고객이 영원할 수는 없습니다.

(아이) 울 아빠는 지구를 지켜요 /

미세먼지를 엄청 줄이고요 /

나쁜 연기도 없어서 공기를 맑게 해준대요 /

소나무를 많이 많이 심어서 지구를 시원하게 해주고요 /

북극곰을 살려준대요.

(선생님) 아빠가 뭐하시는데?

(아이) 콘!덴!싱! 만들어요~.

- ㅇㅇ 보일러 회사 광고 중에서

참으로 귀여운 어린이죠? 혹시 우리의 사랑스런 자녀들은 아빠·엄마가 회사에서 무엇을 한다고 생각할까요?

#18

어벤저스가
항상 이기는 것은
아니다

『어벤져스』 vs 『머니볼』

문학과 예술 못지않게
스포츠도 인류에게 희로애
락을 선물해주는 인간 활
동의 산물이며, 그런 면에
서 스포츠인문학이라 불릴
만합니다. 그중 우리 나라에서 인기가 높은 프로야구에 대한
이야기를 나누어보겠습니다.

어벤저스 영화는 초능력자부터 로봇 기술과 신에 이르기까
지 현존하는 세계 최고의 능력자들이 한 팀을 이루어 적을 물
리치는 스토리입니다. 물론 최근에는 강력한 빌런들이 나오고
있지만, 앞으로도 이 조합보다 더 나은 적들은 나올 수 없겠
죠? 그래서 어찌 보면 너무나 당연한 결과이고 반전이라고는
1도 찾아볼 수 없습니다.

한때, 미국의 메이저리그도 유사한 공식을 가지고 있었습
니다. 어벤져스 팀을 꾸릴 수 있는 부자 구단의 승리 확률이 월
등히 높았기 때문입니다. 그러나 이러한 성공 방정식을 뒤집고

*마케팅 한다더니
인문학이 왜 나와?

새로운 공식을 만든 주인공이 있습니다. 바로 빌리 빈입니다. 그는 선수들을 트레이드할 때, 500만 달러짜리 선수 1명을 30만 달러짜리 선수 여러 명을 조합해 대체할 수 있다고 믿었으며, 타 팀으로 보내야만 하는 선수가 있다면 어느 팀으로 보내야 상대팀이 덜 강해질지를 고려했습니다. 경영학에서 언급하는 경쟁 전략의 좋은 예입니다.

우리나라가 월드컵 신화를 썼던 2002년, 미국에서는 가난하기로 소문난 '오클랜드 어슬레틱스'(Oakland Athletics) 팀이 메이저리그 140년 역사상 최초로 20연승의 대기록을 달성하며 플레이오프에 진출했습니다.

당시 플레이오프 진출을 위해 뉴욕 양키스가 한 경기를 이길 때마다 140만 달러를 지출한 반면, 오클랜드 어슬레틱스는 겨우 26만 달러를 사용했습니다. 기존 메이저리그의 성공 방정식을 깨고 거의 모든 전문가들로부터 미친 짓이라는 비난을 받을 정도로 엉뚱한 모험(머니볼 이론)의 산물입니다. 오클랜드 어슬레틱스 빌리 빈 단장의 '통념 깨기'가 없었더라면 메이저리그는 지금도 '부자 구단 = 승리'라는 뻔한 공식으로 재미없는 시즌을 보내고 있을지도 모릅니다.

미국의 메이저리그처럼 기업의 경영 시스템을 잘 적용하고

머니볼(Moneyball) 이론

1970년대, 빌 제임스가 창시한 통계 / 수학 기반의 분석방법론(Sabermet-rics)을 근거로 빌리 빈이 메이저리그에 실제 적용했습니다.(최소의 비용으로 최대의 효과를 얻는다는 경제 이론과 일맥상통)

그동안 부자 구단이 소위 몸값 높은 선수들을 스카우트해서 어벤저스급 팀을 만들고 선수 개개인의 역량에 의존하여 승리하는 방식이 지배적이었다면, 머니볼 이론은 홈런과 타율, 방어율 등 전통적인 개인 기록보다 팀 기여도를 더 중요하게 여기기 때문에 출루율(OBP: On Base Percentage), 사사구[Base on balls], 뜬볼 대비 땅볼 비율 등을 우선 고려합니다. 한마디로 가성비 끝판왕을 뽑는다는 개념입니다. 머니볼 이론을 소재로 브래드 피트가 빌리 빈 단장 역할을 맡은 동명의 영화가 개봉(2011년)되기도 했습니다. 우리나라도 프로야구가 처음 도입된 이후 오랜 기간이 지나서야 OPS, WAR, WHIP 등 다소 생소한 지표를 활용하기 시작했는데, 이것 역시 머니볼 이론의 영향을 받은 것입니다.

선수 평가 지표의 차이

구분	기존 방식	머니볼 방식
타자	홈런, 타율, 타점	출루율, Base on balls, 장타율
투수	방어율, 다승	땅 볼 처리 비율, Base on balls 비율
사생활(공통)	경기 기록 우선	올바른 태도

있는 스포츠는 없을 것 같습니다. 어떤 면에서는 웬만한 기업들보다 훨씬 체계적입니다. 메이저리그 팀의 운영은 구단주, 단장, 감독의 역할이 명확히 나뉘어져 있는데, 구단주는 기업의 오너, 단장은 전문경영인, 감독은 현장의 리더 정도로 이해하시면 됩니다.

특히 단장은 모든 선수의 스카우트 및 트레이드에 대한 의사결정 권한을 통해 인적 자원을 효율적으로 관리하는 아주 중요한 포지션입니다. 물론 큰 투자가 필요한 사항은 구단주의 승인이 있어야 되지만 정해진 예산 내에서 모든 권한과 책임을 가집니다.

영화 속, 빌리 빈은 다음과 같이 말합니다.
"문제의 핵심은 그것이 얼마나 새로운가가 아니야. 바로 그 방법을 얼마나 믿느냐지. 부자 구단이 우승하면 샴페인도 마시고 반지도 받아서 좋지만, 가난한 구단이 우승하면 변화를 일으킬 수가 있어."

영화 『머니볼』에서 한 원로 야구 전문가가 빌리 빈을 향해 이렇게 말합니다.

"컴퓨터로 팀을 짤 순 없어. 야구가 숫자나 과학이었다면 누구나 할 수 있었겠지. 우린 일반인들에게 없는 29년의 경험이 있고, 이 방식은 150년 동안 스카우터가 해온 것이지. 지금까지의 메이저리그 방식이 이러한 방식이야. 이번 황당한 시즌이 끝난 뒤 자넨 해고되고, 그럼 이 바닥에서 영원히 퇴출될 거야."

하지만 그 시즌이 끝날 무렵 메이저리그의 모든 구단들이 빌리 빈의 '머니볼 이론'을 받아들였고, 이를 더 발전시켜 다양한 통계 데이터를 활용하고 있습니다.

기업 활동도 마찬가지입니다. 기존의 성공 방정식을 깨고 새로운 시도를 처음 하는 개인이나 조직은 엄청난 챌린지를 받기 쉽습니다. 특히 의사결정권이 없는 일반 구성원이 기존의 통념을 깨는 새로운 시도를 한다면 어떻게 될까요? 구단장의 지위에 있는 빌리 빈의 사례에서 알 수 있듯이, 기업에서도 CEO가 직접 시도하거나 최소한 엉뚱한 변화 의지를 가진 구성원을 전폭적으로 지지해주어야만 달콤한 성공의 열매를 맛볼 수 있을지 모르겠습니다.

대개의 경우, 규모가 큰 기업일수록 그 시도조차 어려우며, 설령 시도를 하는 용자가 있어도 그것이 성과로 이어지는 과정에서 수많은 장애에 부딪히게 됩니다. 그러나 이러한 고난의 여정을 감내해야만 비로소 새로운 방식이 성공의 방정식으로 자리매김할 수 있습니다. 어쩌면 우리나라의 전통적인 조직 문화로 볼 때, 구단장이 아닌 구단주가 되어야만 가능한 것일 수도 있습니다. 기업, 공공기관, 학교, 가정 등에서 아래로부터의 혁신보다 위로부터의 혁신이 더 필요한 이유입니다.

시즌이 끝난 후, 빌리 빈은 보스턴 레드삭스로부터 무려 1,250만 달러의 연봉 제의를 받았지만, 이를 거절하고 지금까지 오클랜드 어슬레틱스의 단장으로 남아 팀을 운영하고 있습니다. 한편, 빌리 빈의 야구 경영철학을 받아들인 레드삭스는 1918년 월드시리즈 우승 이후, 86년 만에 다시 우승하였고, 빌리 빈은 메이저리그의 스티브 잡스라 불릴 만큼 혁신의 아이콘이 되었습니다. 세상에는 누군가 깨주길 원하는 수많은 이론과 통념들이 존재합니다. 문제는 누가 먼저 그것에 도전하고 그것을 깨는가입니다.

문득, 어느 야구선수(타자)의 인터뷰가 기억나네요.
"스트라이크는 눈으로 보는 것이 아니라 무릎으로 보는 것입니다."

수천 년 동안 백조는 하얀 고니였지만 1697년, 호주에서 검은 고니(블랙 스완)가 발견되면서 그 통념은 여지없이 깨졌습니다. 그 후로 블랙 스완은 상식을 뒤엎고 전혀 예상치 못한 파급효과를 가져오는 경우를 뜻하는 말이 되었습니다.

#19

축구 선수 메시의 볼 점유율은?

세계적인 축구 선수, 메시. 축구에 관심이 없는 사람이라 할지라도 메시를 모르는 사람은 거의 없을 듯합니다. 축구 경기를 보면, 그가 현란한 드리블로 4~5명을 제치고 골을 넣는 모습을 종종 볼 수 있습니다. 그러면 이렇게 대단한 선수(약 600억 원 정도의 연봉을 받는 것으로 알려짐)는 90분이나 되는 경기 시간 중 과연 몇 분이나 볼을 갖고 있을까요? 축구라는 산업을 잘 이해하지 못하면 꽤나 거리가 있는 답을 할 수 있습니다. 통계 분석에 의

하면 메시의 평균 볼 점유 시간은 3분(약 3.3%)이라고 합니다. 어떤가요? 예상하셨던 시간보다 무척 짧죠? 대부분의 축구선수들은 2분에도 채 못 미치는 볼 점유 시간을 갖습니다. 그 이유는 축구의 특성상 볼을 아주 빠르게 주고받고 다루어야 하기 때문입니다.

우리나라도 마찬가지지만 미국의 경우도 고객 상담원의 이직률이 꽤나 높은가 봅니다. 그렇다면 어떤 상담원들이 이직을 많이 할까요? 회사와 집이 먼 상담원? 급여가 낮은 상담원? 업무에 불만이 많은 상담원? 이 정도는 대부분 생각할 수 있고 충

분히 예상되는 답변(표면적 니즈)일 것 같습니다. 그런데 리서치를 통해 발견된 놀라운 인사이트가 있습니다.

경제학자 마이클 하우스먼(Michael Housman)은 파이어폭스나 크롬 브라우저를 사용하는 상담원들이 익스플로어나 사파리를 이용하는 상담원보다 이직률이 훨씬 낮다는 사실을 발견했습니다. 전혀 무관할 것 같은 인터넷 브라우저가 도대체 어떤 영향을 미친 걸까요? 그 이유는 다음과 같습니다. 익스플로어나 사파리 브라우저는 보통 PC를 사면 자동으로 설치되어 있습니다. 반면 파이어폭스나 크롬의 경우는 이용자가 직접 설치하여 사용하게 됩니다. 후자는 사용자가 직접 설치했기 때문에 문제 발생 시 능동적으로 조치하는 경향이 높은데, 이는 고객 응대 시에도 마찬가지입니다. 즉, 회사가 가이드한 매뉴얼에만 의존하여 수동적으로 대처하기보다는 자신의 경험과 생각을 반영하여 주도적이고 능동적으로 처리한다는 뜻입니다. 결과적으로 고객 만족도가 높아지고, 이것은 다시 본인의 업무 만족감과 자존감을 높이는 선순환이 되기 때문에 이직을 덜한다고 합니다. 브라우저에 대한 성향 차이가 엄청난 결과를 불러온 것입니다.

한때 태국의 청소년들 사이에서는 가짜 치아 교정기가 꽤 유행했습니다. 잘못하다간 치아를 망가뜨릴 수도 있는 그 불편한 치아 교정기를 그들은 왜 하고 다녔을까요? 그것은 바로 치아 교정기가 태국에서는 부의 상징이었기 때문입니다.

낯선 곳에서 비즈니스 인사이트를 얻기 위해서는 면밀한 관찰이 필요합니다. 따라서 태국의 사례로부터 인사이트를 얻는다면, 옆의 이미지와 같은 치아 교정기를 만들 수도 있습니다.

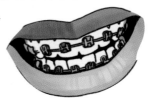

또 다른 예를 들어보겠습니다. 신용카드 업종의 주 수익원은 무엇일까요? 대부분 가맹점과 할부수수료라고 생각하기 쉽습니다. 그러나 그 수익은 그리 많지 않으며 실제 상당 부분의 수익은 현금서비스와 대출로 인한 이자와 연체 수수료입니다. 그럼, 호텔의 수익원 중 가장 높은 수익률은 어디서 발생할까요? 이 경우도 대부분 숙박이라고 알고 있지만 실제는 결혼식 및 각종 행사 피로연, 뷔페, 커피숍 등 식음료입니다.

이렇게 겉으로 드러나지 않은 인사이트가 중요한 이유는 고객의 상품 / 서비스에 대한 단편적이고 표면적인 지식으로는 그들의 마음을 사로잡고 설득하기 어렵기 때문입니다. 고객과 만나 이야기를 나눌 때도 해당 산업 및 상품에 대한 업종 전문 용어나 인사이트를 슬쩍 흘리면 고객은 속으로 "뭐 좀 아는데? 잘하면 내가 고민하는 것들을 해결해 줄 수 있겠군…" 하며 마음을 열 확률이 높습니다.

이번에는 고객을 이해하는 데 도움이 되는 두 가지 이론을 소개하고자 합니다.

첫 번째는 맨들러(Mandler)가 밝혀낸 중간불일치가설(Hypothesis of moderately incongruity: 1985)입니다. 이 가설은 인간의 정보처리량과 기존 제품의 유사성 관계를 밝혀낸 소비자 행동의 스키마(Scheme) 분야 연구로, 시사하는 바가 아주 큽니다. 사람의 뇌는 새로운 상품이 기존 제품과 매우 유사하거나 매우 상이한 경우, 정보처리량이 줄어들고 기존 제품과 중간 수준으로 상이하거나 유사한 경우에는 정보처리량이 현저히 늘어나게 됩니다. 즉, 정보처리량이 많아야 해당 상품에 대한 호의로 연결이 되기 때문에 중간 수준의 상이함이 사용자(또는 소비자)에게 좋은 반응을 줄 가능성이 높습니다. 너무 새로운 것을 접하게 되면 처음에는 호기심을 보이다가 어렵다는 생각에 더 이상의 관심을 주저하게 되며, 기존과 너무 유사하면 이미 알고 있다고 치부하여 더 이상의 호응을 얻지 못하는 이치와 같습니다. 사용자들은 항상 최소의 노력으로 최대의 효과를 얻으려는 속성을 가지고 있기 때문입니다.

두 번째는 'Threshold'입니다. 예전에는 우리말로 '문턱' 또는 '식역'이라고 번역했는데, 어쩌면 번역한 말이 더 어려울 수도

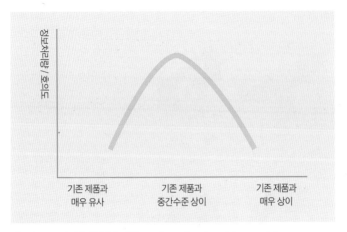

맨들러(Mandler)의 중간 불일치 가설(Hypothesis of moderately incongruity)

있을 듯합니다.

레스토랑이나 마트에 가면 'Morton Salt'라는 오래된 소금 브랜드를 만날 수 있습니다. 이 브랜드는 수십 년 동안 아래 이 미지와 같이 로고에 변화를 주었습니다. 그런데 말입니다, 잘 살펴보면 소녀의 치마 길이가 조금씩 짧아진 것을 알 수 있습니다. 아주 조금씩요~. 우산이 작아졌다고 생각하는 분도 계시 겠지만, 그건 어린 꼬마가 성장해서 소녀가 되었기 때문입니다. 그들은 왜 이렇게 수십 년에 걸쳐 조금씩 변화를 주었을까요? 그 이유는 고객은 한꺼번에 급격한 변화를 선호하지 않는다는 것을 알았기 때문입니다.

Morton Salt 로고의 변화

1914   1921

1933   1941

1956   1968

잠시 어떤 회사의 OS 체제나 오피스 프로그램을 생각해 볼까요? 그들은 사용자의 니즈는 생각지 않고 "우리는 이만큼 할 수 있어. 그래서 이런 솔루션을 사용자들에게 제공할 수 있지!" 라는 지나친 자신감(?)으로 그다지 필요하지도 않은 새로운 기능들을 만들다 보니 기존 기능의 내비게이션(위치)이 종종 바뀌곤 합니다. 이 때문에 기존에 사용하던 기능을 찾지 못해 아까운 시간을 낭비한 경우가 있습니다. 더군다나 최근에 출시된 OS는 인공지능이라도 되는 양 자기 멋대로 업데이트를 진행하는 통에 시스템이 며칠씩 불통이 된다는 사용자들의 불만이 극에 달하기도 했습니다. 저 역시 얼마 전 PC를 초기 상태로 복구한 이후 느닷없이 진행된 업데이트로 아주 곤란한 상황을 겪기도 했습니다.

우리는 앞의 두 가지 이론을 상기하며 공급자 마인드에 의한 우를 범하지 않아야겠습니다(물론 이 사례는 Threshold 관점이므로 다른 생각도 있을 수 있습니다).

오늘날 우리는 IQ(Intelligence Quotient: 지능 지수)가 아닌 IQ(Insight Quotient: 인사이트 지수)가 절실히 필요한 시대에 살고 있습니다.

일찍이 다산 정약용 선생님은 이렇게 말씀하셨습니다.

"사랑하면 알게 되고, 알게 되면 보이며, 그때 보이는 것은 이전에 보이는 것과는 사뭇 다르다."

고객 인사이트는 연인의 마음처럼 사랑으로부터 출발하는 것 같습니다.

로고를 보면, 한 소녀가 소금을 줄줄 흘리고 다닙니다. 소녀는 왜 아까운 소금을 흘리고 다닐까요?

이유는, Morton Salt가 고객에게 전달하고 싶은 메시지 때문입니다. 소금은 눅눅하고 잘 눌어붙는 성질을 가지고 있습니다. 비가 오는 습한 날은 더욱 그러합니다.

"When it rains, it pours." 우리 말로는 '설상가상'쯤 되는데요, 가뜩이나 눅눅한 소금인데 비까지 오니 더 눅눅해질 수밖에 없겠죠. 그럼에도 불구하고 로고에서처럼 소금 알갱이가 흩어 떨어진다는 것은 Morton Salt가 눅눅하지 않다는 것을 은유적으로 표현한 것입니다.

단 한 줄의 짧은 문장과 로고로 다른 소금 브랜드와는 확실히 차별화되는 그들만의 확실한 컨셉을 전달한 것입니다.

보는 지혜

세상을

#20
어린이들의 눈으로 보는 비즈니스 인사이트

역사학자 전우용 교수는 SNS를 통해 다음과 같이 이야기했습니다.

"나이가 들면 저절로 지식과 경륜이 늘고 인격이 높아질 거라 생각하기 쉽지만, 절대로 그렇지 않습니다. 공부하지 않으면 무식이 늘고, 절제하지 않으면 탐욕이 늘며, 성찰하지 않으면 파렴치만 늡니다. 나이는 그냥 먹지만, 인간은 저절로 나아지지 않습니다."

맞습니다. 사람은 어른이 될수록, 나이가 들수록 지혜와 경험이 쌓여 혜안이 생기고, 됨됨이가 좋아질 것이라는 일반적인 담론이나, 서정주 시인의 '국화 옆에서'가 전달하고자 했던 완숙미와 달리, 오히려 유년기 시절의 모습에서 배워야 할 것들도 많습니다.

답안지의 실제 주인공

그런 면에서 기업인이 어린아이들에게 배워야 할 네 가지가 있습니다. 엉뚱함, 산만함, 무계획성, 떼쓰기가 바로 그것입니다.

아이들은 참으로 해맑고 엉뚱합니다(우리처럼 어른이 되기 전까지는요~)

제 아들의 일화를 소개드릴까 합니다. 아이가 초등학교 2학년이었을 무렵, 학교 시험에서 아래와 같이 "길이 재기가 필요한 직업과 그 이유를 설명하라"는 문제를 풀게 되었습니다. 그런데 아이의 답안이 참으로 엉뚱했습니다(당시 탐정 수사물 관련 책에 푹 빠져 지냈던 것 같습니다).

길이 재기가 필요한 직업: 도둑
그 이유는: 훔칠 물건의 길이를 알아야
지만 많이 훔칠 수 있다.

담임 선생님은 아이의 답 때문에 학년 회의까지 열어 열띤 토론(?)을 하셨다고 합니다. 물론 아이의 답은 사회 규범과 도덕적인 면에서 적절하지 않고, 결과적으로도 오답 처리가 되었습니다. 저는 아이에게 이렇게 얘기해주었습니다.

"사회 규범상 바람직한 답은 아니지만 남들이 하지 못한 기발한 생각은 좋았어~."

사실 제도권 학교에서는 이런 사례가 종종 발생할 것입니다. 우리 아이들은 자라면서 '자신의 정답'이 아닌 '모두의 정답'을 찾는 것에 길들여지고, 그렇게 어른이 됩니다. 저명한 교육학자인 켄 로빈슨(Ken Robinson)은 『학교 혁명』이란 책에서 원래 인간은 태어날 때부터 학습욕구가 매우 높은데 학교라는 곳을 거치면서 학습욕구가 오히려 현저히 떨어진다고 주장했습니다. 즉, 아이들은 공부가 싫은 것이 아니라 학교가 싫은 것이라고 이야기합니다. 실제로 한 번도 학교에 간 적이 없고 컴퓨터를 다뤄본 적도 없는 인도의 빈민가 아이들이 놀고 있는 골목길에 컴퓨터를 두고 관찰한 결과, 일주일 정도 지나면 선생님의 도움 없이도 아이들 스스로 컴퓨터 프로그램을 잘 다룰 수 있더라는 실험 결과도 있습니다.

우리 아이들과 외출을 하게 되면 어떤가요? 어른들은 목적지를 향해 한눈을 팔지 않고 계속 나아가는 반면, 아이들은 길거리의 가게, 꽃, 벌레, 돌멩이… 등등 참으로 사소한 것들에 관심을 갖습니다. 그러다 보니 채 몇 발도 가지 못해 멈추고, 목적지에 도착하기까지 훨씬 많은 시간이 소요됩니다. 중간에 아이들을 달래고 꾸짖는 것은 필수사항이죠. 그리고 어른들은 이러한 행동을 산만하고 하찮은 것으로 치부하기 일쑤입니다. 하지만 우리 아이들은 그런 사소한 것들 속에서 무언가 참 의미

파랑비늘돔(parrotfish)이라고 불리는 열대어가 있습니다. 파랑비늘돔은 산호 조각을 어금니로 깬 후, 속살을 삼키고 나머지는 잘게 부수어 내뱉거나 배설을 하는데, 이것이 바로 모래가 됩니다.

파랑비늘돔이 이렇게 만들어내는 모래는 무려 100㎏. 전체 퇴적물의 85%를 차지합니다. 아름다운 산호섬이 존재할 수 있는 이유는 이런 파랑비늘돔의 사소한 행동 덕분입니다.

를 찾고자 한 것은 아닐까요?

심리학자 톰 워젝(Tom Wujec)의 '마시멜로 챌린지'(Marshmallow challenge)라는 실험이 있습니다. 톰 워젝은 서로 다른 다섯 개의 그룹(변호사, MBA 학생, 유치원생, 건축가, CEO)으로 나누어 마시멜로, 스파게티 스틱, 테이프, 실을 주고 18분 안에 어느 그룹이 가장 높게 마시멜로 탑을 쌓는지 여러 번 반복하여 실험을 했습니다.

과연 어느 그룹이 꼴찌를 했을까요? 뜻밖에도 MBA 학생

그룹이 꼴찌를 차지했습니다. 더 놀라운 것은 유치원생들이 2위를 했다는 점입니다. 물론 새로운 멤버들로 반복실험을 할 때마다 다소의 차이는 있었지만 유치원생들은 결코 꼴찌를 하지 않았을 뿐만 아니라 거의 상위권을 차지했습니다. 어떻게 이런 일이 발생했을까요? 소위 '가방 끈'이 긴 사람과 유치원생이 문제에 접근하는 방식이 사뭇 달랐기 때문입니다. 전자의 그룹은 1)자기 소개 후 2)계획을 수립하고 3)역할을 분담하여 일을 시작했습니다. 반면에 아이들은 계획 없이 바로 탑을 쌓기 시작하여 탑이 쓰러질 때마다 몇 차례의 수정을 거쳐 꽤 높은

탑을 완성했습니다.

물론 큰일을 수행하기 위해서는 사전에 계획이 필요합니다. 그러나 실행을 담보하지 않는 계획은 탁상공론에 지나지 않습니다. 우리는 평소 얼마나 많은 계획을 세우나요? 그리고 그 계획을 얼마나 실행에 옮기나요? 아이들의 추진력을 생각해볼 필요가 있습니다.

'야간순찰'(The Nightwatch)로 잘 알려진, 빛과 어둠을 극적으로 표현한 화가 렘브란트 반 레인(Rembrand Van Rijn)은 제자가 "선생님처럼 놀라운 그림을 그리려면 무엇을 준비해야 하나요?"라고 묻자 다음과 같이 대답했다고 합니다.
"지금 바로 붓을 잡으세요!"

한편, 아이들은 자신의 요구를 관철하기 위해 떼를 많이 쓰는데, 부모들은 몇 번의 거절 이후 어쩔 수 없이 들어주는 경우가 많습니다. 어찌 보면 아이들은 상대방의 거절에 대한 실패 부담이 없습니다.

여기, 상대방의 거절을 선물로 생각하는 지아장이란 사람이 있습니다. 지아장은 회사를 다니던 중 문득 사업가의 꿈이 떠올라 좋은 회사를 그만두고, 앱을 만들어 창업했습니다. 그

지아장은 거절당하기 위해 올림픽 오륜기 모양의 도넛을 요구하기도 했는데, 한 매장이 요청한 것과 같은 모양의 도넛을 만들어 주었습니다.

리고 투자자들을 찾아 나섰습니다. 그러나 돌아온 건 냉정한 거절뿐이었습니다. 크게 낙담하고 또 거절당할까 두려워 더 이상 도전할 용기가 나지 않았습니다. 그러다 심리치료 방법의 하나인 '의도적 거절 당하기'를 통해 용기를 얻었습니다. 예를 들어, 햄버거 가게에서 햄버거 리필하기, 낯선 사람에게 100달러 빌리기 등 상대방이 받아들이기 어려운 요청으로 100일간 거절 당하기 프로젝트를 실행했습니다. 그리고 깨달았다고 합니다. **충분히 많이 시도하면 마음의 근육이 생겨 실패해도 새로운 도전을 할 수 있다는 것을 말이죠.**

기업도 마찬가지인 것 같습니다. 보고 과정에서 상사로부터 불편 한 피드백을 얻으면 다시 설득하려는 도전보다는 지시한

대로 받아쓰기를 하거나 수정을 하기 쉽습니다.

하지만, 최초의 기획안대로 추진했더라면 오히려 더 큰 기회가 될 수 있었던 경험을 하기도 합니다. 이처럼 아이들의 떼쓰기 그리고 거절에 대한 두려움 없는 자세를 생각해볼 필요가 있습니다.

이제 우리 사랑스런 아이들의 엉뚱함으로부터 '창의력'을, 산만함으로부터 '과정의 중요성'을, 무계획성으로부터 '추진력'을, 떼쓰기로부터 '실패에 대한 용기'를 배워보는 것은 어떨까요?

> 망치를 든 철학자라 불리는 프리드리히 니체는 『차라투스트라는 이렇게 말했다』에서 아이를 다음과 같이 묘사합니다.
> "아이들은 무죄이고 새로운 시작이며 스스로의 힘으로 굴러가는 수레 바퀴이자 신선한 긍정이다."

마케팅 한다더니
인문학이 왜 나와?

#21

정확한
빅데이터 분석
VS
따뜻한
빅데이터 분석

　4차 산업혁명의 뜨거운 화두 중 하나가 빅데이터 분석입니다. 빅데이터 분석이란 기존의 전통적인 데이터 수집 외, IT의 획기적 발달로 가능해진 방대한 양의 소셜 데이터와 센서 데이터의 수집 / 분석을 의미합니다. 사실, 2000년 초에도 기업들은 데이터 분석을 위해 앞다투어 DW(Data Warehouse)와 CRM(Customer Relationship Management) 솔루션을 도입했습니다. 물론 그때와는 비교도 안 될 정도의 양적인 데이터 수집이 가능해졌지만 표본조사(Sampling)의 기본개념을 이해한다면 그 방대한 양의 데이터를 과연 제대로 활용하고 기존 이상의 의미 있는 결과를 도출하고 있는지 살짝 의문이 들 때도 있습니다.

잠시, 어떤 빅데이터의 사례를 소개해드리겠습니다.

2017년 일본 도쿄에 깔끔하고 아늑한 분위기의 식당이 문을 열었습니다. 이 식당은 문을 열자마자 선풍적인 인기를 끌었는데, 다른 식당과의 차별점은 손님이 주문한 음식과 다른 음식이 나오거나 아예 손님을 대신해 메뉴를 선정해주는 것이었습니다. 종업원들이 그들의 성향을 미리 파악하고 그들이 먹고 싶어하는 음식을 알아서 제공한 것입니다. 손님이 주문한 음식과 다른 음식이 나와도 손님들은 "아~ 사실은 내가 이걸 먹고 싶었어. 그런데 종업원이 내 속마음을 어떻게 알았을까?" 하면서 감탄까지 합니다. 아무리 빅데이터 기술이 발달했다고 하지만 참 놀라운 식당이지 않나요? 빅데이터 기술을 어떻게 활용하면 이런 서비스를 제공할 수 있을까요?

이제, 그 숨겨진 이야기를 말씀드리겠습니다. 사실 이 식당의 종업원들은 치매 노인들입니다. 그러다 보니, 손님이 주문한 것을 잊고 종종 다른 메뉴를 제공하는 것이죠. 어떤 손님들은 직접 메뉴를 고르기보다 아예 종업원들이 알아서 주문을 하게 합니다. 물론 식당 입구에는 주문과 다른 음식이 나올 수 있다는 것이 고지되어 있습니다. 치매 노인들이 종업원이란 것을 아는 손님들은 모든 것을 이해하고 오히려 그들을 따뜻하게 대해

줍니다. 갑질이 만연한 오늘날 사회에 정말 가슴 따뜻한 이야기입니다. 치매 노인들도 사회 구성원으로서 존재감을 느끼고, 치매 치료에도 도움이 된다고 합니다.

이 식당은 한 사회복지단체에서 크라우드 펀딩으로 기획하여 이틀만 운영하기로 했는데, 하루에 300명 이상이 찾아 오는 예상 외의 호응에 힘입어 다시 문을 열었고 다른 도시로 확대될 계획이라고 합니다.

곰곰이 생각해보면, 오늘날 많은 현대인들이 결정장애로 힘들어합니다. 그래서 이런 식당에 간다면 오히려 어떤 음식이 나올지 모르는 기대감에 스릴(?)을 맛볼 수도 있고 결정장애도 한방에 해결할 수 있을 것입니다. 무엇보다 우리의 부모가 될 수도 있는 치매 노인들을 도울 수 있어 참 행복한 식사가 될 것 같습니다.

여러분들은 정확한 빅데이터 분석을 원하십니까? 아니면 따뜻한 빅데이터 분석을 원하십니까? 오늘날 우리와 기업들에게 필요한 빅데이터 분석은 무엇일까요?

주문과 다른 식당(출처: 구글 이미지)

마케팅 한다더니
인문학이 왜 나와?

#22

세상을 둘로
쪼개서 보자

한때 "세상은 1등만 기억한다"라는 어느 대기업의 광고가 우리를 씁쓸하게 만들었습니다. 물론 잭트라우트(Jack Trout)와 알리스(Al Ries)의 저서 『마케팅 불변의 법칙』도 소비자의 기억 속에 인식되는 '1등'의 중요성을 강조합니다. 그런데 이러한 'First'(1등)보다 더 중요한 것이 있습니다. 그것은 'Only'(유일)입니다.

'Only'가 'First'보다 더 어려운 것이 아니냐고 생각할지도 모

릅니다. 절대 그렇지 않습니다. 예를 들어, 여러분이 프로 골퍼보다 공을 더 멀리 칠 수 있는 방법은 무엇일까요? (보통 프로 골퍼들은 400m 정도의 거리만큼 공을 보낼 수 있다고 합니다.)

만약 달에 가서 공을 친다면 어떻게 될까요? 달은 무중력 공간이므로 아마 10배는 더 멀리 보낼 수 있을 것입니다.

이렇듯 First보다 Only가 되는 것은 영역을 바꾸는 것만으로도 가능할 수 있습니다.

사실, 하늘을 최초로 난 사람은 열기구를 이용한 프랑스의 몽골피에르(Mongolfier)로 알려져 있습니다. 라이트형제(Wright brothers)는 동력 비행이라는 새로운 영역을 개척한 사람이며, 그보다 더 강력하고 유일한 기억은 '형제'라는 것입니다. 최초의 비행을 한 사람이 '비행 형제'와 '비행 개인'으로 나누어지니, 전무후무한 Only가 되겠죠?

이제 상품의 차별화가 왜 중요한지 'Dichotomy'의 개념을 통해 이야기해보겠습니다(Dichotomy는 학계나 업계에서 사용하는 용어는 아니며, 포지셔닝의 개념을 좀 더 양극화해서 차별성을 부각한 필자의 조어임을 알려드립니다).

Dichotomy의 사전적 정의는 이분(二分) 또는 양분(兩分)을 뜻합니

다. 일상에서 이분법적 사고에 대해서는 부정적인 시각이 많습니다만, 상품 기획의 관점에서만큼은 매우 유용한 프레임입니다.

예를 들어보겠습니다. 『군주론』의 저자 마키아벨리(Niccolò Machiavelli)는 당대의 사조였던 키케로(Marcus Tullius Cicero)의 『의무론』을 반박하며 자신의 존재감을 널리 알렸습니다. 즉, 자신을 키케로에 버금가는 사상가로 단번에 포지셔닝한 아주 영리한 행동이었습니다.

미국에서 콜라가 음료시장의 50% 이상을 차지하던 시기에 콜라의 대척점에서 시장을 양분한 음료는 무엇일까요? 바로 '세

『군주론』의 마키아벨리   『의무론』의 키케로

*마케팅 한다더니
인문학이 왜 나와?

븐업'이었습니다. 세븐업은 콜라를 제외한 모든 음료를 통틀어 세븐업이라는 소비자 인식을 만들어 성공했습니다. 너무 옛날 이야기이고 다른 나라의 사례라 우리에게 잘 와 닿지 않을 것 같아 'JTBC 뉴스룸' 사례를 상품의 관점에서 심층 분석해보겠습니다(본 사례 분석은 뉴스 내용의 옳고 그름이 아닌 뉴스 포맷에 대한 차별적 가치를 다룬 것입니다).

뉴스라는 상품은 어떤가요? SBS뉴스 이전까지만 해도 KBS와 MBC의 메인 뉴스는 오로지 9시 뉴스였습니다. 하지만 SBS는 기존 뉴스와 경쟁하기 위해 무언가 새로운 무기가 필요했습니다. 그래서 내놓은 결론이 8시 뉴스였습니다. 기존의 치열한 '9시 시장'에서 싸우지 않고 그들만의 새로운 시장을 만들어낸 것입니다.

이렇듯 시간대에 의한 시장의 양분 프레임은 꽤 오래 유지되었고 좀처럼 허물어지지 않았습니다. 그런데 종편 사업자가 시장에 출현하게 되었고, 그중 JTBC의 뉴스룸은 한참 후발 사업자임에도 불구하고 공고한 지상파 뉴스 시장을 위협할 정도의 경이로운 시청률을 얻게 되었습니다.

어떻게 이런 결과가 가능했을까요? 물론 그것이 일련의 정치 이슈와 맞물리며 시너지를 낸 것도 있지만, JTBC만의 차별

시청률

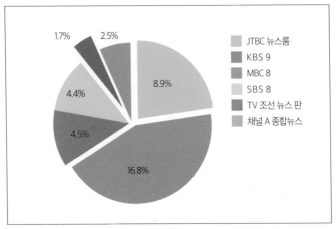

방송사별 메인 뉴스 시간대 시청률 비교(2017년 1월 18일 기준. 출처: 네이버)

적 포맷이 없었다면 불가능했을 것입니다. 그럼, 시장을 양분하여 고객의 인식을 바꾸고 마음을 사로잡은 차별화 요인은 무엇일까요?

　JTBC는 우선 기존 시장의 경쟁자를 살펴봤을 겁니다. 앞서 말씀드린 것처럼 기존 시장은 '시작 시간'이라는 기준으로만 구분되어 있을 뿐 뉴스의 컨텐츠는 다른 것이 전혀 없었습니다. 이에 JTBC 뉴스 상품은 자신만의 새로운 영역을 개척하여 경쟁의 축을 바꾸었습니다. 바로 '한 걸음 더 들어간 뉴스', 이것이 그들의 차별화 포인트입니다 (JTBC는 이 문구를 마케팅 슬로건으로 사용하고 있습니다). 그럼 JTBC 뉴스가 이러한 차별적 고객가치를 달성하기 위해 실행한 방안들은 무엇이었을까요?

첫째, 주제를 다루는 깊이입니다. 여타의 뉴스 채널과 달리 JTBC 뉴스는 단순한 받아쓰기에 그치지 않고 상세한 현상 및 그 현상에 대한 원인을 심도 있게 분석하고 평가까지 하고 있습니다. 이러한 컨셉은 전반적인 콘텐츠에 내재되어 있습니다.

두 번째, '앵커 브리핑'이란 코너를 들 수 있습니다. 기존 경쟁 서비스들의 수학공식 같은 딱딱한 뉴스로부터 탈피하여 문학적인 '은유'[Metaphor]를 시의적절하게 사용하고 이를 세련된 프레젠테이션과 영상으로 전달함으로써 시청자들의 감성을 자극합니다.

세 번째, '팩트 체크'(Fact Check)와 '비하인드 더 뉴스'(Behind The

JTBC 앵커 브리핑 코너의 한 장면

News)입니다. 팩트 체크는 그냥 넘기기 쉽거나 잘못 전달된 내용들을 심층 분석하여 오류를 잡아주고 사실을 전달해주는 코너입니다. 경제, 정치, 사회 등 학생들의 논리적 사고력을 키우는 시리즈 책으로 출간되기도 했습니다. '비하인드 더 뉴스' 역시 그날의 이슈가 되었던 화제의 말들을 되짚어보고 그 배경과 사회적 반응을 다루는 코너입니다.

네 번째로 문화, 기업, 정치 등 각 분야의 세계 유명인을 섭외, 출연시켜 직접 인터뷰를 진행하는 등 기존 뉴스에서 볼 수 없었던 파격적 포맷을 보여줍니다. 그동안 서태지, 한석규, 강동원, 이승환, 베르나르 베르베르(작가), 잭 돌시(트위터 회장), 맷 데이먼(영화 배우) 등 국내외를 가리지 않고 쟁쟁한 유명인들이 출연한 바 있습니다.

다섯 번째, 엔딩 음악입니다. 다른 뉴스들은 천편일률적이고 딱딱한 시그널 음악을 사용하고 있습니다. 그러나 JTBC 뉴스는 그 통념

을 과감히 깨고 시의적절한 메시지를 담은 선곡을 통해 매일 엔딩 음악을 바꿔서 내보냅니다. 음악이라는 것이 소멸되지 않는 이상 JTBC 뉴스룸의 엔딩 음악도 무한한 풀(Pool)을 가질 수밖에 없겠죠? 참 기발하지 않나요?

이외에도 아무데서나 얻을 수 있는 정보(스포츠 및 별도의 기상 캐스터가 진행하는 일기예보 코너)인 구색 맞추기 코너를 과감히 제거하면서 선택과 집중을 했습니다. 즉, 절약된 시간으로 다른 콘텐츠를 풍성하게 만드는 데 할애한 것입니다(물론 뉴스 전체 시간도 경쟁사 대비 약 40분가량 늘어났습니다).

즉, JTBC 뉴스룸은 기존의 경쟁시장을 '한 걸음 더 들어간 뉴스'와 현상의 열거에 그친 '받아 쓰기식 뉴스'의 두 가지 시장으로 나눈 것입니다. 의도했던 의도하지 않았던 JTBC 뉴스룸은 경영학 이론에 매우 충실한 사례 중 하나일 것입니다.

이상의 분석 결과에서 보듯이, 상품이 차별적 가치를 제공하기 위해서는 경쟁 시장에서 나만의 영역(The Law of Category)을 구축하는 것이 가장 중요합니다. 가능하면 기존 시장을 둘로 쪼개서 말입니다.

어찌 보면 우리의 영원한 영웅, 이순신 장군께서도 차별적 가치의 개념을 아주 잘 아셨던 것 같습니다. 이순신 장군께서는 명량대첩에서 12척의 배로 133척의 왜군을 격침시켰습니다. 또한 임진왜란 7년 동안 46번의 전투에서 단 한 번도 패하지 않았습니다. 여러 이유가 있었겠지만 후세에 전해지는 (경쟁의 기준을 새로 제시한) 다음 말씀을 인용해봅니다.

"우리가 원하는 때, 원하는 장소에서 싸운다."

마케팅 한다더니
인문학이 왜 나와?

#23
세상을
합쳐서 보자

세상은 복잡하고 다양한 문제를 혁신적으로 해결하기 위해 특정 분야만의 전문성을 요구하지 않습니다. 그래서 Convergence(융합), Consilience(통섭), Cross-over(교차) 등의 용어가 더욱 각광을 받고 있습니다. 이러한 용어의 개념은 세세한 면에서 차이는 있겠지만 결국 이종간 영역의 물리적·화학적 결합을 통한 새로운 가치 창출에 그 의의를 두고 있습니다.

학계의 노력을 살펴볼까요? KAIST에서는 한 개의 연구소에 8개 학과 교수들이 모여 연구활동을 하기도 했으며, 한국예

마케팅 한다더니
인문학이 왜 나와?

술종합학교에서는 10개의 통섭실험실을 운영하기도 했습니다. 또한 차세대융합기술원은 교수 4명당 실험실 3개를 제공하여 자연스럽게 학제간 연구를 유도하기도 했습니다.

연구소 하나에 8개 학과 교수들 소설가도 가세

대학 개혁의 상징물 될 KAIST 연구원

KAIST 연구원에
있는것, 없는것

유리벽
카페테리아
선택과 집중
여러 학과가 함께 쓰는 열린
연구실

콘크리트 칸막이
교수식당
연구비 나눠 먹기
학과 전용 연구실

한국예술종합학교가 신설한 10개 통섭 실험실	
AT미디어교육 랩	새로운 미디어 환경에 부응하는 창작자와 프로슈머 양성
AT클리닉 랩	미디어 몰입에 따른 후유증 치료
디지털 아카이빙 랩	콘텐트 개발을 위한 플랫폼 및 관련 DB 구축
퍼포먼스 랩	디지털 악, 가, 무 개발
U 아트웨어	소프트웨어·아트웨어
키네틱스 랩	중심의 도시 개발
알고리즘 특수음향 랩	컴퓨터를 통한 정교하고 새로운 음향효과 창출
디지털모션그래픽스 랩	애니메이션 프로덕션 가이드 개발
몰입경험 문화 디자인 랩	문화체험에 관한 비즈니스 모델 랩
예술과 놀이 랩	에듀테인먼트 개발
디지털 미래콘텐트 포메팅 랩	개별 콘텐트 생성 포맷 개발

교수는 4명,
실험실은 3개
"섞여라"

이달 말 문 여는 광교
차세대융합기술원

이번에는 세상에 출시된 상품의 실제 사례를 살펴보겠습니다. 대형 병원에는 MRI 스캐너가 있습니다. 대부분 건강검진 때 한 번쯤 경험을 해보셨을 겁니다. 어른들이야 별 불편 없이 검진을 받지만 어린아이들의 경우 큰 어려움을 겪게 됩니다. 굉음을 들으며 꼼짝 못하고 누워 있어야 하는데, 아이들에게는 상당한 공포심을 불러일으킵니다.

GE 헬스케어사는 이를 해결하기 위해 MRI 스캐너의 내외관 및 검진 과정을 해적 / 우주 / 정글 / 사파리 등의 주제별 체험과정으로 새롭게 디자인하였습니다. 또한 대본을 만들어 어린이들에게 검진이 아닌 모험의 여정(배에 올라타 있는 동안 움직이지

마케팅 한다더니
인문학이 왜 나와?

않아야 해적들에게 들키지 않는다고 얘기해주거나, MRI 스캐너의 굉음이 초항속 모드라고 설명하는 등)을 안내하게 하였고, 항해(검진)를 마치면 검사실 한 편에 있는 상자(일명 해적 가슴)에서 작은 보물을 하나씩 가져갈 수 있게 하였습니다. 그 결과, 어린 아이들이 진정제나 수면제의 도움 없이 MRI 검진을 할 수 있게 되었고(기존에는 어린이들의 80%가 수면제나 마취제 사용), 병원 입장에서는 MRI 검진을 받는 어린이 환자의 수가 크게 증가하여 수익에 도움이 되었습니다. GE 헬스케어 어드벤처(Healthcare Adventure) 시리즈는 이렇게 병원 상품과 테마파크의 결합으로 탄생되었습니다.

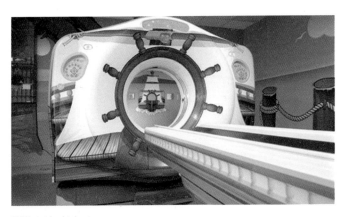

CT Pirate Island Adventure

또한, 최근 고급 자동차 브랜드들이 BMW의 iDrive 방식을

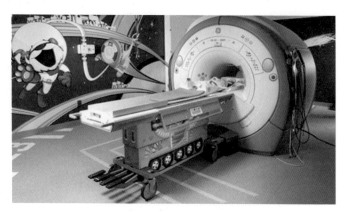

MR Space Runways Adventure(출처: http://www3.gehealthcare.com)

채택하고 있는데, 그 모티브는 무엇이었을까요? 바로 게임산업의 조그 셔틀(Jog & Shuttle)입니다. 이러한 방식을 통해 운전자는 시선을 전방에 둔 채 안전하고 편리하게 버튼을 사용할 수 있게 되었습니다. 나이키사는 운동화에 스프링 백(spring back) 기능을 넣었는데, 이는 포뮬러 원(자동차 경주대회)의 자동차 충격 흡수장치로부터 아이디어를 얻은 것입니다. 또한 출판사 편집장이었던 크리스토퍼 숄즈(Christopher L. Sholes)는 피아노에서 영감을 얻어 타자기를 개발했습니다.

로봇박사, 데니스 홍이 개발한 '나비로스'(NABiRoS:Non-Anthropomorphic Bipedal Robotic System)라는 2족 로봇이 있습니다. 그런데

조그셔틀(Jog & Shuttle) 개념이 장착된 자동차

이 로봇은 앞뒤로
움직이도록 설계된
기존의 2족 로봇과
는 사뭇 다릅니다.
다리 부분은 활 모

스프링 백(spring back) 기능이 접목된 나이키 운동화

양으로 휘어져 있고, 무릎 관절 부위는 회전이 가능하여 옆으로 움직이도록 설계되어 있기 때문에 높은 문지방이나 계단을 오르내리는 데 훨씬 안정적입니다. 그럼, 이 로봇은 어떤 분야로부터 영감을 얻었을까요? 한 강연에서 그는 발레와 펜싱의 동작으로부터 힌트를 얻어 나비로스를 만들게 되었다고 말했습니다.

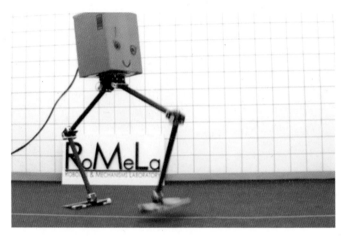
옆으로 걷는 휴머노이드 로봇 '나비로스'(출처: 로봇신문)

이번에는 다소 엉뚱한 상품의 탄생 비화를 소개드리겠습니다.

1800년대, 영국의 교도소에서는 난폭한 죄수들을 통제할 목적으로 트레드밀(Treadmill)이라는 고문기구를 사용했습니다. 아래 이미지처럼 죄수들은 하루 6시간 정도 벽만 바라보며 다람쥐 쳇바퀴 돌듯 반복적으로 계단을 오르게 됩니다. 별것 아닌 것 같지만 이틀에 한 번꼴로 에베레스트산을 등반하는 것만큼 힘이 들었기 때문에 죄수들이 가장 끔직하게 여기는 벌이었다고 합니다. 그런데 이 고문기구가 어떤 분야에 접목되었을까요?

1842년, 영국의 주요 교도소에 보급된 트레드밀(출처: 위키피디아)

얼마 후, 독일의 한 서커스 단원이 트레드밀에 대한 신문기사를 읽고 자신의 하체를 단련할 목적으로 운동기구로 개조했습니다. 즉, 감옥에서 사용하던 고문기구가 러닝머신으로 재탄생하게 된 것입니다. 따지고 보면 우리들은 러닝머신을 이용하며 스스로를 고문하고 있는 셈입니다.

일상생활 속에서는 이러한 '합쳐서 보기'를 어떻게 할 수 있을까요? 바로 역지사지 '易地思之'입니다. 즉 나와 다른 분야에서 일하는 사람들의 이야기를 많이 듣고 자신이 그 입장이 되어 생각해보는 것입니다. 상품기획도 마찬가지입니다. "구글

(Google)이라면 우리 상품을 어떻게 만들까요?" "디즈니(Disney)라면 우리 사업을 어떻게 펼쳐갈까요?"와 같은 질문들을 던지며 그들의 입장에서 문제를 해결해볼 수도 있습니다. 별것 아닌 것처럼 보이지만 타 회사의 서비스로부터 얻은 이미지를 통해 우리의 상품과 사업에 대입해봄으로써 자신이 가진 한계를 극복할 수 있습니다. 또한 가능한 한 많은 형용사와 명사 리스트를 만들고 그것들을 조합해보는 방법도 있습니다.

우리는 예로부터 아주 훌륭한 이종 결합의 문화를 가지고 있었습니다. 그것이 무엇일까요? 바로 비빔밥입니다. 여러 가지를 결합하였으나 단순 짬뽕으로 섞이고 마는 것이 아니라 고유의 맛도 살리고 새로운 가치도 창출하는 그런 것 말입니다.

우리는 우리가 모아둔 만큼의 점들만 서로 연결할 수 있다.

- 아만다 파머(Amanda Palmer)

*마케팅 한다더니
인문학이 왜 나와?

#24
세상을 뒤집는 용자가 되자!

　영화 『죽은 시인의 사회』에서 키팅 선생님은 학생들을 향해 이렇게 외칩니다.

　"내가 책상 위에 서 있는 이유는 사물을 다른 각도로 보려는 거야. 어떤 사실을 이미 안다고 생각할 때, 그것을 다른 시각에서도 봐야 해. 비록 그것이 바보 같은 일일지라도."

　우리는 평소에 사물과 현상을 얼마나 뒤집어보나요?

제가 통신서비스 기업에서 일할 때였습니다. 지금은 가입자가 6,000만 명이 넘을 정도로 시장 침투율(Market Penetration)이 100%가 넘는 사업이지만, 처음 무선사업을 시작하기 전까지만 해도 현재의 모습을 예측한 사람은 거의 없었습니다. 과거 유선회사에서는 무선사업 추진을 위해 별도 법인을 만들고 여기에서 근무할 지원자를 모집했는데, 자발적 희망인력이 많지 않았다고 합니다.

그리고 무겁고 시커먼 폰(일명 벽돌폰)을 들고 다니면, 그 모습만으로도 부의 상징이던 시절이 있었습니다. 너무 오래된 얘기인가요? 결코 그렇지 않습니다. 불과 '응팔'(응답하라 1988) 시절이니까요. 그 시절을 거슬러올라가 보면 이런 말을 했던 것이 기억납니다.

"앞으로 집 전화가 아니라 누구나 개인이 폰을 하나씩 들고 다니는 세상이 올 수 있지 않을까?" 이에 주변 대부분 지인들이 "미친 X" 이라고 반응을 했던 기억이 납니다.

이렇게 모두가 기존의 강력한 믿음에 사로잡혀 새로운 기회를 부정할 때, 우리는 오히려 그런 강력한 믿음을 뒤집어볼 필요가 있는 것입니다.

'시골 의사'로 유명세를 탔던 박경철씨는 일을 하며 번 수입의 대부분을 이동통신 주식이 상장하기 이전(장외)에 투자하여 큰 부를 얻게 되었다고 합니다. 그는 한 강연에서, 1인 1폰이라는 생각에 대한 지인들의 격한 부정적 반응이 투자의 확실한 동기가 되었다고 말했습니다.

위에서 말씀드린 사례와 가장 잘 어울리는 단어가 바로 'Orthodoxy'입니다. 'Orthodoxy'란 우리 회사와 산업 내 성공을 가져온 것에 대해 뿌리 깊이 박혀 있거나 널리 공유되는 믿음인데, 우리 말로는 통념 정도로 표현되며 산업 / 사회에 있어서의 규범(Norm)이나 통계학의 귀무 가설처럼 쉽게 '깨기 어려운 것'입니다.

이탈한 자가 문득

- 김중식

....

(중략)

단 한 번 궤도를 이탈함으로써 두 번 다시 궤도에
진입하지 못할지라도 캄캄한 하늘에 획을 긋는 별,
그 똥, 짧지만, 그래도 획을 그을 수 있는,
포기한 자 그래서 이탈한 자가 문득
자유롭다는 것을.

그럼, Orthodoxy는 왜 필요할까요? 우리는 Orthodoxy를 통해 쉽게 알 수 있는 표면적 니즈가 아닌 암묵적 니즈를 찾아낼 수도 있고, 기존의 틀을 깨는 새로운 발상으로 경쟁사와 차별화되는 상품 컨셉과 아이디어를 도출할 수도 있습니다.

Orthodoxy는 어떻게 찾을 수 있을까요? 다음과 같은 관점에서 보면 됩니다.

첫째, 얼마나 많은 사람들이 믿고 있는가?
둘째, 대중뿐 아니라 업계의 전문가도 그렇게 믿고 있는가?
셋째, 뒤집었을 때 새로운 기회가 있는가?
예를 들어보겠습니다. 과거 아이폰이 처음 출시되기 전, 마이크로소프트의 CEO였던 스티브 발머(Steve Ballmer)는 공식석상에서 이렇게 얘기한 적이 있습니다.

"아이폰은 절대 성공하지 못할 것입니다. 그 이유는 키패드도 없고 너무 비싸기 때문이죠." 당시 IT업계의 대가 중 한 사람이 이 정도로 확고한 믿음을 가지고 있다는 것은 그만큼 뒤집었을 때 큰 기회가 있다는 것을 의미합니다. 즉, 가격은 차치하더라도 키패드라는 것은 당시 시장의 대세였던 블랙베리를 염두에 둔 일종의 Orthodoxy로 볼 수 있습니다.

또 다른 사례를 들어보겠습니다. 혹시 'Warby Parker'라는 온라인 안경 기업을 아시나요? Warby Parker가 성공을 거두기 전, 대부분의 사람들은 인터넷으로 안경을 구입한다는 것에 부정적이었습니다. 하지만, 모두의 Orthodoxy를 깨고 Warby Parker는 2015년 애플과 구글을 제치고 가장 혁신적인 기업으로 선정되었습니다(미국 FAST COMPNAY 선정). 이 회사는 Home-Try-On 방식을 도입하여 고객이 집에서 마음에 드는 안경을 써보고 살지 말지 결정하도록 하였고, 매장 운영비만큼 절감된 부분을 저렴한 가격으로 고객에게 제공하고, 사회에 환원함으로써 수백 년간 깨지지 않던 안경 산업의 Orthodoxy를 깰 수 있었습니다.

사실, 우리 주변에는 뒤집으면 보이는 새로운 기회들이 참 많습니다. 저도 한때 척추협회가 추천하는(만성적으로 허리가 불편한 사람들에게 매우 도움이 된다는) 등받이가 앞에 있는 의자를 거금을 들여 구매한 적이 있습니다. 아시다시피 기존의 모든 의자는 등

받이가 등 뒤쪽에 있습니다. 놀랍게도 허리가 쭉 펴지며 편해지는 느낌이 확실히 들었습니다. 아! 이런 게 Orthodoxy구나. 탄성이 절로 나왔습니다. (사실, 저는 이 의자를 2개월도 채 못 쓰고 창고에 넣어버렸습니다. 허리는 편한데 가슴이 눌려서 너무 아팠기 때문입니다.)

한편, Orthodoxy란 영원 불변한 가치가 아니며 일종의 유통기간이 있습니다. 토마스 미즐리(Thomas Midgley jr.)라는 미국의 유명한 화학자에 대한 이야기입니다. 당시 가솔린 자동차는 노킹 현상으로 인해 종종 폭발하는 문제가 있었는데, 미즐리는 기존의 무연 휘발유를 유연 휘발유로 대체하여 이러한 문제를 해결하였습니다(1921년). 또 냉장고 폭발 문제를 해결하기 위해 염화불화탄소도 개발하였습니다(1930년). 그런데 토마스 미즐리가 개발한 유연 휘발유와 염화불화탄소는 수십 년간 시장의 Orthodoxy로 잘 사용되다가 각각 납성분과 오존층 파괴의 주범인 프레온 가스로 밝혀지면서 사용이 전면 금지되었습니다. 또, 르네상스 시대 귀족 여성들이 화장을 위해 주로 발랐던 분가루는 수은으로 만들어진 것이었습니다. 이처럼 Orthodoxy는 『지금은 맞고 그때는 틀리다』라는 영화 제목처럼 어제는 맞고 오늘은 틀릴 수 있습니다.

키패드라는 Orthodoxy를 깬 아이폰의 터치 스크린 자판이 지금은 대세지만 그것 또한 언젠가는 Orthodoxy가 되어 뒤집어야 하는 대상이 될 수 있습니다. 몇 해 전, 아이폰에 물리적 키패드를 부착할 수 있도록 고안된 스마트폰 자판(Spike)이 미국에서 큰 인기를 얻기도 했습니다.

그동안 우리는 무언가를 마주하며 그것을 얼마나 뒤집어보았나요? 더 나아가 뒤집어본 그것을 얼마나 실행에 옮겼을까요? 혹시, 뒤집어볼 기회는 많았는데 그것을 뒤집을 용기가 없었던 것은 아닐까요?